挂像英模 的故事

雷锋的故事

冯化志／编著

团结出版社

图书在版编目（CIP）数据

雷锋的故事 / 冯化志编著. -- 北京：团结出版社，
2021.9
ISBN 978-7-5126-8901-5

Ⅰ.①雷… Ⅱ.①冯… Ⅲ.①学习雷锋—青少年读物
②雷锋（1940-1962）—生平事迹—青少年读物 Ⅳ.
①D648-49

中国版本图书馆CIP数据核字（2021）第100177号

出　　版：团结出版社
　　　　　（北京市东城区东皇城根南街84号　邮编：100006）
电　　话：（010）65228880　65244790（出版社）
　　　　　（010）65238766　85113874　65133603（发行部）
　　　　　（010）65133603（邮购）
网　　址：http://www.tjpress.com
E-mail：zb65244790@163.com（出版社）
　　　　　fx65133603@163.com（发行部邮购）
经　　销：全国新华书店
印　　刷：天津兴湘印务有限公司

开　　本：670毫米×960毫米　16开
印　　张：8
字　　数：100千字
版　　次：2021年9月　第1版
印　　次：2021年9月　第1次印刷

书　　号：978-7-5126-8901-5
定　　价：29.80元

前　言

习近平总书记曾经多次强调，要把理想信念的火种、红色传统的基因一代代传下去，让革命事业薪火相传、血脉永续。

红色基因是我们党在长期奋斗中淬火成钢的精神品质和优良作风，是坚如磐石的理想信念、百折不挠的英雄气概、敢于胜利的革命风范。红色基因植根于先烈们用鲜血染红的泥土中，传承于英雄人物用行动谱写的事业中，与我们每一个人情感相连、命运相通，是我们最需要激活的精神密码。

激活红色基因，才能亮出民族精神的鲜红底色，唤起广大人民群众无坚不摧的红色能量。这其中最重要的是要把红色基因转化为看得见、摸得着、感受得到的人物事件，发挥激荡人心、凝魂聚气的强大作用。要让人们随时随地都能感受到红色基因的存在和传承，自觉升华精神境界、激扬价值理想。

让红色基因代代相传，就是要把红色火种播进一代代年轻人的心中，成为中华民族的集体记忆。要把红色基因植根爱国主义教育之中，讲好红色故事，补充红色营养，不断激发中华儿女的信仰伟力，凝聚起众志成城的磅礴力量。

为此，2018年，经中央军委批准，增加了"献身国防科技事业杰出科学家"林俊德、"逐梦海天的强军先锋"张超为全军挂像英模。自此，各个时期的中国人民解放军挂像英模就共有10位，分别是张思德、董存瑞、黄继光、邱少云、雷锋、苏宁、李向群、杨业功、林俊德、张超。这10位挂像英模，都有一个共同的特点，就是代表着共产党人的初心和使命，即为中国人民谋幸福，为中华民族谋复兴。

毛泽东主席曾在《为人民服务》的讲话中，对张思德给予了高度评价："张思德同志是为人民利益而死的，他的死是比泰山还要重的。"雷锋是位平凡而伟大的共产主义战士，他把有限的生命投入到了无限的为人民服务中去。毛泽东主席亲笔题词：向雷锋同志学习。

2018年新增加的两位挂像英模：林俊德年过七旬依然战斗在科研试验第一线，在去世前的二十多天里，他把病房当作战场，与死神争分夺秒，为国防科技事业奋斗到生命最后一息；张超作为舰载机飞行员，在模拟着舰训练时，面对突发故障，首先选择全力挽救战机，错过跳伞最佳时机而壮烈牺牲。两位英模的先进事迹感人至深、催人奋进，为广大官兵和社会各界所敬仰。

总之，一不怕苦，二不怕死，是革命军人的口号，更是军旗下的铮铮誓言。我军不同时期涌现的"十大英模"，是我军各个时期、各个阶段、各个岗位的不同杰出代表，是每一个中国军人和广大人民群众学习的榜样！铭记英雄，不辱使命！

因此，在有关部门和人士的指导下，特别编著了这套"最新挂像英模的故事"，采取讲故事的方式，图文并茂地集中展现了英模人物的成长与先进事迹，具有很强的教育性、可读性和启迪性，能够对包括青少年在内的广大人民群众起到加强革命传统教育的作用。

目　录

人物小档案

一、人物简介

姓名：雷锋

性别：男

生卒年：1940年12月18日—1962年8月15日

籍贯：湖南省望城县简家塘村

主要事迹：

作为一名普通的中国人民解放军战士，在他短暂的一生中却助人无数。他7岁沦为孤儿，在穷乡亲的拉扯下活了下来。新中国成立后，在党和人民政府的关怀下幸福成长，他参加儿童团，进小学读书，并第一批加入了中国少年先锋队。1957年2月，加入中国共产主义青年团。此后，他相继在望城县沩（wéi）水工程指挥部、团山湖农场和辽宁鞍山钢铁公司化工总厂当拖拉机手和推土机手，工作出色，荣获许多荣誉，并出席了鞍山市青年积极分子代表大会。

1960年1月，雷锋应征入伍，同年11月加入中国共产党。在部队的培养教育下，他进一步提高了政治觉悟，牢固地树立了全心全意为人民服务的思想和为共产主义奋斗终生的远大目标。在部队生活两年零八个月的时间内，被授予中士军衔，荣立二等功一次、三等功三次，受嘉奖多次，并被选为抚顺市人民代表大会代表。1962年8月，在执行运输任务时不幸因公殉职，年仅22岁。

毛泽东于1963年3月5日亲笔题词"向雷锋同志学习",因此把3月5日定为"学雷锋纪念日"。雷锋的模范事迹和高尚思想在军内外产生巨大影响。《雷锋日记》是雷锋留下的宝贵的精神财富,激励着一代又一代人发扬爱心、无私奉献的精神。

荣誉称号:

望城县委机关工作模范、望城县治沩工程治伪模范、先进工作者、红旗手、标兵、劳动模范、先进生产者模范、共青团员节约标兵、少先队优秀辅导员、"100位新中国成立以来感动中国人物"之一、"全军10位挂像英模"之一、"最美奋斗者"。

二、人物性格

1. 心地善良

有一次,雷锋外出,在沈阳车站换车的时候,遇到一个背着小孩儿的中年妇女因为不小心把车票和钱都丢了,雷锋立即用自己的津贴费帮助她买了一张火车票。

2. 乐于助人

从1961年开始,雷锋经常应邀去外地作报告,他出差的机会多了,为人民服务的机会也就多了。人们流传着这样一句话:"雷锋出差一千里,好事做了一火车。"

3. 甘于奉献

1960年8月,驻地抚顺发洪水,运输连接到了抗洪抢险的命令,雷锋忍着刚刚参加救火被烧伤的手的疼痛又和战友们在上寺水库大坝连续奋战了七天七夜,把手指甲都弄破了,被记了一次二等功。

4. 忠于职守

雷锋说："一个人的作用，对于革命事业来说，就如一架机器上的一颗螺（luó）丝钉，螺丝钉虽小，其作用是不可估量的。我愿永远做一颗螺丝钉。"

5. 积极上进

雷锋说："螺丝钉要经常保养和清洗，才不会生锈。人的思想也是这样，要经常检查，才不会出毛病。我要不断地加强学习提高自己的思想觉悟，坚决听党和毛主席的话，经常开展批评与自我批评，随时清除思想上的毛病，在伟大的革命事业中做一个永不生锈的螺丝钉。"

6. 谦虚谨慎

雷锋在日记中写下了这样一段话："我的一切都是党给的，光荣应该归于党，归于热情帮助我的同志，至于我个人做的工作，那是太少了，我这么一点点贡献，比起对我的要求和期望还是非常不够的……"

7. 勤奋好学

施工任务中，雷锋整天驾驶汽车东奔西跑，很难抽出时间学习，就把书装在挎包里，随身带在身边，只要车一停，没有其他工作，就坐在驾驶室里看书。

8. 团结友爱

雷锋经常把自己的藏书拿出来供大家学习，被人们称为"小小的雷锋图书馆"。他帮助同志学习知识，同班战友乔安山文化程度低，雷锋就手把手地教他认字，学算术。

9. 艰苦朴素

雷锋非常节俭，他的每件衣服、每双袜子，都补了又补。他曾说："我们的国家还穷。穿破了的衣服补好了再穿，省下衣服交给国家，这样既减少国家开支，又发扬了艰苦奋斗、勤俭节约的优良作风。"

10. 爱憎分明

"对待同志要像春天般的温暖，对待工作要像夏天一样火热，对待个人主义要像秋风扫落叶一样，对待敌人要像严冬一样残酷无情"。这是雷锋留下的名言。这种强烈的阶级情感，正是雷锋精神的精髓。

11. 言行一致

雷锋是一个实干家，是一个勇于探索的创造者，他总是把实现崇高的理想落实到本职岗位上，说到做到。他坚持理想与现实相一致，干一行，爱一行，钻一行；他注意理论联系实际，在工作中提升自己，逐步成长为一名具有高度共产主义觉悟和道德修养的战士。

12. 公而忘私

在雷锋看来，"个人和集体的关系，正像细胞和人的整个身体关系一样。当人的身体受到损害的时候，身上的细胞不可避免也要受到损害。同样地，我们每个人的幸福也依赖于祖国的繁荣，如果损害了祖国的利益，我们每个人就得不到幸福！"正因为如此，雷锋时时处处都以党、人民和祖国的利益为重，把帮助别人看作是最大的幸福和快乐，把有限的生命投入到无限的为人民服务中去。

13. 不怕牺牲

雷锋把"生为人民生，死为人民死"作为自己的信条，"时刻准备着为党和阶级的最高利益，牺牲个人的一切，甚至生命。"在这样的人生观指导下，雷锋始终保持着昂扬的精神状态和勇往直前的革命干劲，在平凡的岗位上作出了不平凡的成绩，用生命践行了为共产主义事业毕生奉献的誓言。

党就是亲爹娘

吃人的旧社会逼得雷锋家破人亡。新中国成立后，他不再说自己是一个孤儿，因为党就是他的亲爹娘啊！他暗暗地下定决心：一定要好好念书，做党的好孩子。

1940年12月18日，在湖南省望城县简家塘村的一户雷姓贫苦农民家里，出生了一个男孩，父母给这孩子取名叫雷锋。

小雷锋4岁时，爸爸被国民党军队和日本侵略军拉去当挑夫，遭到毒打后便经常吐血，又无钱医治，不久便去世了。此后，悲剧接二连三地袭来。小雷锋爸爸去世后的第二年，年仅12岁就去给资本家当童工的哥哥，因患肺结核无钱医治也死了。没过多久，连病带饿的弟弟又死在了妈妈的怀里。

两年中连续失去三位亲人，这对小雷锋的妈妈来说是个沉重的打击。为了生计，妈妈不得不去给地主唐四滚子家做女工，受尽了欺辱却无处申诉。

就在这一年的中秋节，痛不欲生的妈妈打发小雷锋到隔壁大叔家去玩，她自己却悬梁自尽了。小雷锋抱着妈妈的遗体哭啊

> **地主** 指家庭拥有土地，其成员不参加劳动的人。封建社会里最大的地主为皇帝，拥有全国的土地，其他人根据级别划分，从大地主往下划到小地主，最后划到级别最低的农民。低级别的向上级定期交税。没土地的受雇农工直接受地主使唤，为他们干活。

叫啊！可是，妈妈再也听不见儿子的呼唤，再也不能照料他了。

这吃人的旧社会逼得小雷锋家破人亡！就这样，不满7岁的小雷锋成了无依无靠的孤儿。小小年纪的他只好独自上山砍柴，以此换回一些钱来维持生活。

可是，在旧社会，穷人家的孩子即使砍柴也会受人欺侮。一天，一个地主婆硬说小雷锋砍了她家的柴，还夺过砍柴刀在小雷锋的手背上连砍了三刀。愤怒的小雷锋冲着她喊道："总有一天我要报仇！"

儿童团 指新中国成立前中国共产党在革命根据地建立的少年儿童组织，后来演化成少先队。凡是愿意为党为人民贡献自己力量的少年儿童都可以加入儿童团，担负站岗、放哨、送信等任务。

终于，1949年8月，小雷锋的家乡解放了。人们欢欣鼓舞，庆祝这来之不易的胜利。大人们忙着组织农会，孩子们则组织儿童团。小雷锋和全乡的孩子一样，精神抖擞（sǒu）地站在儿童团的队伍里。

一天傍晚，小雷锋正站在桥头放哨，只见远处来了一支队伍：战士们穿着整齐的黄色军装，背着发亮的步枪，雄赳赳气昂昂地朝这边走来。一面大红旗在队伍前飘着，就像一团燃烧的火焰。

小雷锋一下明白了：这不就是农会主席彭大叔说的，咱们的救命恩人解放军吗？他激动地跑着迎上前去，向解放军叔叔伸出了双臂。

解放军叔叔拉住了他的小手嘘寒问暖。这下可把小雷锋乐坏了。他听说队伍要在乡里住几天，就高兴地领着队伍进了乡，同乡亲们一起热情地招待解放军同志。

几天以后，队伍要走了。小雷锋拉住一位解放军连长的手说："我要去当兵，带我去吧！"

"你为什么要当兵？"连长问他。

"我要去打敌人，我要报仇！"

"你的仇由我们大家替你报。"

"不，我要跟你们一起去！"

"你的年纪还小，现在你的任务就是好好学习，等长大了好建设咱们的新中国。"连长好说歹说，才把小雷锋劝留了下来，临走时，把自己的一支钢笔送给了他。

几天后，轰轰烈烈的土改斗争开始了。在斗争大会上，小雷锋看看乡亲们，又看看被绑押的地主，千仇万恨涌上心头。他跑上台去，红着脸，流着泪，控诉了地主对他一家的剥削和压迫。

在群众的声讨下，平日里耀武扬威的恶霸地主们都纷纷低头认罪，受苦受难的乡亲们终于翻身了。土改后，小雷锋和乡亲们一样，分到了土地和粮食。他穿上斗争地主时得来的衣服，背上书包，和那些贫苦农民的孩子们一起走进了学校的大门。

开学第一天，老师发给他两本书和一个笔记本。他看到小朋友们都交书费、学费，便把过春节时乡长彭大叔给他的压岁钱拿了出来，交给老师。老师和蔼地笑着说："学校不收你的费用，你可以免费读书。"又亲切地对他说："你们能读书，这是共产党的恩情啊！"

"共产党！毛主席！你们为我们穷孩子想得多周到。"当他翻开第一页书，看见毛主席那慈祥的面容时，心里充满了幸福感。他暗暗地下定决心：一定要好好念书，做党的好孩子。

从此，小雷锋不再说自己是一个孤儿，因为党就是他的亲爹娘啊！每天一大早，他来到学校里的第一件事就是打扫教室，他先把桌椅、黑板都擦得干干净净，然后坐下来读书、写字。

对每一门课小雷锋都认真地听讲，从不放过一个小小的疑问。他作业本上的字总是写得工工整整，而且从来都是按照老师的布置和要求按时完成。由于小雷锋学习用功，各门功课的成绩都很优秀。

毛主席（1893年12月26日—1976年9月9日），即毛泽东，字润之，笔名子任。湖南湘潭人。中国人民的领袖，伟大的马克思主义者，无产阶级革命家、战略家和理论家，中国共产党、中国人民解放军和中华人民共和国的主要缔造者和领导人，政治家，军事家，诗人，书法家。

1954年，小雷锋光荣地加入了中国少年先锋队。在隆重的入队宣誓大会上，辅导员给他戴上了鲜艳的红领巾。小雷锋兴奋地抚摸着红领巾说：

我是新中国第一批少先队员，一定要用实际行动把红领巾染得更红！

从此，小雷锋每天都戴着这条鲜艳的红领巾去上学。他还非常珍爱少先队的红队旗。一次外出过队日，雷锋举着队旗，不料途中突然下起了大雨，他急忙脱下衣服包住队旗，而自己被大雨淋透了却毫不在意。他常对同学们说：

> **《中国少年先锋队队歌》** 《中国少年先锋队队歌》是中国少年先锋队的老队歌。1949年10月，中国少年先锋队的前身"中国少年儿童队"诞生。1950年4月，由郭沫若作词，马思聪作曲的《中国少年儿童队队歌》被定为少儿队队歌。1953年，中国少年儿童队改名为"中国少年先锋队"，队歌也随后更名为《中国少年先锋队队歌》。

咱们的红领巾、红队旗，是革命先烈用鲜血染红的，要格外爱护才行。

1955年，小雷锋转到荷叶坝小学读书。当时，这所学校还没有建立少先队组织，他就成了这里唯一的一名少先队员。从此，他更加严格要求自己，处处以身作则起模范带头作用。

六一儿童节，少先队决定到烈士陵园过一次有意义的队日。而从学校到烈士陵园要步行二十多公里，这样一来拿大鼓的任务就显得非常艰巨，小雷锋便主动承担下来。

只见他小小的个子，打着大鼓走在最前面，队员们踏着鼓点，唱着《中国少年先锋队队歌》，迈着整齐的步伐，向长沙市进发。走出七八公里，小雷锋已累得浑身是汗。

辅导员看见了，急忙派了一名同学来替换他背鼓。小雷锋笑笑说："不用换，我能行！"说着挺起胸来，扬起小手"咚咚咚"把鼓擂得更响了。

　　途中休息之后，辅导员见他太累了，又派了一名同学来替换他，可他坚定地说："打鼓的任务我已经领下来了，应该由我来完成。"于是他又背起大鼓继续前进。

　　有一次，小雷锋看见一位老人在山上砍柴，结果，一不留神，脚突然踩空了，摔倒在地上。他急忙赶上前去，扶起了老人。从此，小雷锋便经常利用课余时间帮助这位没儿没女的贫农老人砍柴、挑水、打猪草。

　　乡亲们看到小雷锋这样尊敬老人，都夸他是个热心的孩子！就这样，小雷锋在党的思想光辉照耀下，健康成长起来。1956年，小雷锋以优异的学习成绩在荷叶坝小学毕业了。

感　悟

　　小雷锋出生在非常贫寒的人家，从小就失去了父母，成为孤儿。别说上学，就是连饭都吃不饱，连打柴都被人砍伤。

　　我们出生在幸福的社会和家庭，在党的光辉照耀下，从小就有饭吃有学上。因此，我们要感恩新社会，好好学习，长大成为建设祖国的栋梁。要珍惜当下，用自己的勤劳和智慧，创造更加幸福的生活。

甘作革命螺丝钉

小雷锋下定决心，要在自己平凡的工作岗位上做一颗螺丝钉。他说："将来……不论革命需要我做什么，我都会做一颗永不生锈的螺丝钉！"

小学毕业后，乡政府本来打算送小雷锋到县里读中学。小雷锋经过思考后，却决定留下来，好为建设家乡作贡献。

彭乡长见他人小志气大，就留他在乡政府当了通信员。

那时，乡政府正忙于秋收的准备工作，缺少人手。小雷锋每天除了完成通信员的本职工作外，还主动帮助搞秋征统计，填制报表，有什么工作都抢着干，从不拈轻怕重。

由于小雷锋思想觉悟高，工作积极，很快乡政府就推荐他到中共望城县委当了公务员。

小雷锋初到县委工作的时候还是个孩子，县委的同志见他年龄小，手脚又勤快，都非常喜欢

秋征 秋征是对秋收作物或全年的作物收入征税。农业税是国家对一切从事农业生产、有农业收入的单位和个人征收的一种税，俗称"公粮"，分夏、秋两季征收。多年来，农业税一直是国家财力的重要基石。革命战争时期，广大农民用一辆辆装满粮食的小推车，"推出"了中国革命的胜利；新中国成立后，又为社会主义建设事业作出了巨大贡献。2006年起，我国全面取消农业税，秋征成为历史。

他，大家亲切地称呼他"小雷"。

一次，小雷锋跟着张书记一起下乡，看见路边有一颗螺丝钉，他上前踢了一脚就走开了。张书记看见后却不声不响地走了过去，弯下身子把螺丝钉捡起来，抹去尘土看了看，然后装进衣袋里。

小雷锋当时觉得很奇怪：县委书记捡一颗螺丝钉干什么？过了几天，小雷锋要到一家工厂去送信，张书记掏出了那颗螺丝钉。

"小雷，把它一起送到工厂去吧！咱们国家底子薄，要搞建设，就得艰苦奋斗啊！"张书记把螺丝钉放在小雷锋手上，语重心长地说：

一颗螺丝钉，别看它不起眼，缺了可不行，就像你这个通信员，别看职务不高，我们的工作缺了你也不行！

小雷锋凝望着张书记，又低头看看手中的螺丝钉，他明白了其中的道理。就是这颗小小的螺丝钉，在雷锋心中留下了终生难忘的记忆，成了他以后人生道路上的一盏明灯。他下定决心，要在自己平凡的工作岗位上做这样一颗螺丝钉。

一天夜里，张书记在办公室看文件、写材料，小雷锋像往常一样，坐在他的旁边学习。

"小雷，你去睡吧！"张书记催促说。

小雷锋不肯走。过一会儿，张书记又催他去睡觉，他还是坐在那里不肯走。半夜里，小雷锋竟不知不觉地伏在桌子上睡着了。张书记见他睡着了，怕他着凉，就脱下自己身上的大衣，轻手轻脚地披在他身上，又坐下继续工作。

小雷锋睡得热乎乎的，一觉醒来，天都快亮了。他揉揉眼睛，见张书记还在聚精会神地工作，又发现书记的大衣披在了自己身上，不由得低头看了看自己手背上被地主婆砍过的刀痕。刹那间，苦和甜，爱和恨，一齐涌上心头，眼泪不由自主地流了下来。

张书记放下笔，上前问道："又想起过去了？"

"嗯……"小雷锋抬起头来说，"旧社会害得我家破人亡。是党和政府救了我，送我读书，给我工作，这是我做梦也没有想到的呀！"

张书记沉思片刻，拉着小雷锋的手说："常常想着过去，不忘过去，是很重要的。一个革命者，要从过去的苦难中吸取精神力量，推动自己更好地为革命工作。"

张书记看着小雷锋手背上的刀痕，接着说："小雷，你在旧社会受的苦，是整个民族、整个阶级的苦。只有彻底消灭阶级压迫和阶级剥削，才能使所有的劳动人民跳出苦难的深渊。现在我们解放了，生活也逐渐好起来了。但是，我们的新中国还很年轻，你也很年轻，今后要做

的工作还很多很多，年轻人一定要好好学习，要有奋斗目标。"

小雷锋想了想说："我的奋斗目标，就是在咱们机关当颗螺丝钉。将来……不论革命需要我做什么，我都会做一颗永不生锈的螺丝钉！"

小雷锋在县委机关，就像一颗永不生锈的"螺丝钉"，处处闪光。他不论做什么，都那样踏实，一丝不苟。因此，经常受到领导的表扬。1957年2月8日，小雷锋光荣地加入了中国共产主义青年团，同时被评为县委机关的工作模范。

在党的阳光雨露下，小雷锋茁壮地成长着。现实生活使他深切地感受到："我像一个学走路的孩子，党像母亲一样扶着我、领着我，教会我走路。我前进的每一步，都倾注着党的亲切关怀。"

县委书记为了国家建设，专门嘱托小雷锋将地上捡到的一颗小螺丝钉送回工厂，让小小的螺丝钉发挥自己应有的用途。可见，我们现在的幸福生活是多么的来之不易。

现在的幸福生活是无数的革命者和建设者用鲜血和汗水浇灌出来的。我们也要像革命前辈们那样，永远保持艰苦奋斗的作风，在自己的工作岗位上做出自己的贡献。

为家乡作贡献

　　雷锋加入共青团后，对自己要求更为严格。他努力工作，自觉锻炼自己，不断用自己辛勤的汗水浇灌着家乡的土地，在自己平凡的工作岗位上散发着光和热。

　　流经望城县境的沩水河，是湘江的一条支流，每年春天都泛滥成灾，给沿河一带的群众生活带来很多困难。雷锋曾多次随同机关干部到这里参加防汛抢险。

　　有一次，雷锋和指挥部的全体同志，参加了一整天修堤筑坝的义务劳动。大家回来后都十分疲乏，雷锋也非常累。可是雷锋却没有休息，一回来就守在了电话机旁。

　　雷锋想，指挥部是整个工地两万多民工的作战中心，大家都去休息，打来电话没人接怎么行呢？强烈的工作责任感使他忘却了一天的疲劳，在电话机旁一直

义务劳动 义务劳动，指不计定额，不要报酬，自觉自愿地为社会劳动。列宁曾把十月革命胜利后在俄国工人中产生的共产主义星期六义务劳动称之为"伟大的创举"，是共产主义思想觉悟的具体表现。组织开展全民义务劳动不仅有利于弘扬党的优良传统，而且顺应现代文明潮流。20世纪五六十年代，义务劳动是人们经常开展的一项集体性活动。在那个特定的历史时期，义务劳动发挥了一定的宣传发动作用，较好地倡导奉献精神。

守到天亮。

因为沩水时常泛滥成灾，因此人民政府决定投入大量的人力和物力，实施根治沩水的工程。可是，治沩工程开工不久便赶上了连雨天，河里水位不断上涨，堆积在工地上的器材，随时都有被洪水吞没的危险。

一天晚上，在倾盆大雨中，工地指挥部紧急动员机关干部和附近的民工，奋力抢救工程器材。考虑到当时的情况很危险，指挥部领导便叫雷锋和几个女同志留下值班，实际上是照顾他们。

同志们出发以后，雷锋坐立不安，怎么也待不住，趁几个女同志没注意，他迎着风、冒着大雨直向停放器材的工地奔去。这时，洪水已经溢出河岸，淹没了道路，有的地方水深已有一米多了。

雷锋奋不顾身地涉水赶到工地，和同志们一起投入到抢救国家财产的战斗中去。哪里最危险他就到哪里去，一直坚持到将治沩工程的器材全部转移到安全地带后，他才放了心。

任务完成后，当同志们称赞他的勇敢精神时，他只是笑着说："我年轻，更需要在斗争中锻炼锻炼自己。"

第二年春天，县委决定在围垦起来的团山湖沼地开发一个农场，让荒芜的湖沼地变成鱼米之乡。这是多么好的事情啊！全县青少年积极响应团县委的号召，提出要为农场捐献一台拖拉机。

雷锋立刻拿出自己省吃俭用节约下来的20元钱，全部送到了团支部，说："我每月领的钱用不了，全交给农场买拖拉机吧！"

县委领导同志知道了这件事后，都非常高兴。张书记问雷锋："听说你把平时节约的钱全都交上去买拖拉机了？"

"这样做不对吗？"雷锋笑着问。

"对，应该这样，这表现了你对社会主义建设的决心和热情。"张书记说，"我们研究过了，想让你到农场去学开拖拉机，怎么样？"

"是吗？"雷锋高兴得差点儿跳起来，立即表示："我去！"

开拖拉机，这在当时是多么令人向往的工作啊！雷锋在学校念书的时候，就从书本上和电影中见过拖拉机。今天，真的要去开拖拉机了，他怎能不万分激动呢？

> **团支部** 团支部是共青团工作和活动的基本单位，是团的最基层一级组织，它同广大团员青年有着最直接、最广泛的联系，是团的各项工作的显示终端。企业、农村、机关、学校、科研院所、街道、人民解放军连队、人民武装警察部队中队和其他基层单位，团员在三人以上的，都应该建立团支部。

雷锋来到刚刚筹建起来的农场，一万多亩沉睡的土地正待开垦，而春耕的战鼓已经擂响，季节不等人，任务紧迫而又繁重。拖拉机一开进农场，雷锋就勤学苦练起来。

每天一清早，雷锋就来到拖拉机旁，检查机器是否完好，油箱、油管有无泄漏，提前做好出车的准备，等师傅一到，只要发动引擎就可以出车了。

上工后，雷锋一边给师傅当农具手，一边认真学习驾驶技术。收工后，他还坐在驾驶台上，回顾一天出车的情况，模仿师傅的驾驶动作，细细领会开拖拉机的技术要领。

晚上回到宿舍，雷锋就坐在灯下，认真阅读有关拖拉机的构造、维修保养和驾驶技术的书籍。就这样，仅仅学了一个多星期，雷锋就可以单独试车了。

初春三月的一个清晨，朝阳似锦，杨柳吐絮，含苞待放的蓓蕾闪耀着晶莹的露珠，团山湖显得生机勃勃。雷锋早已来到拖拉机旁，细心地检查机件，擦洗机身，认真做好出车前的准备。

"看小雷试车去啦！"场部有人发出一声号召，立刻吸引了许多人向停车场涌去。

大家兴奋地议论着："小雷真不简单，才学了几天，今天就正式试车了！"

"看他那股钻劲儿，真成拖拉机迷了。"

"选小雷学开拖拉机，算是选对啦！"

雷锋十分镇静地把着方向盘，拖拉机稳稳地行驶在机耕道上。驶进大田后，他果断地把农具升降操纵杆一压，随着拖拉机的前进，后面翻起一片黑油油的泥浪。试车结束后，大家感到非常满意。从此，望城县有了自己年轻的拖拉机手了！

到了初夏季节，忽然下了一场暴雨，八曲河水猛涨，新修的大堤随时有被冲垮的危险。农场内洪水横流，淹没了大部分的土地和庄稼。当时为了不误农时，雷锋和师傅轮流驾驶着拖拉机昼夜翻耕，歇人不歇机，仅仅用了三个月的时间，就把一万多亩荒地全部开垦了出来。可如今却全被洪水淹没了。

这天傍晚，雷锋正冒着狂风暴雨和同志们一道抢险排洪，突然听到有人喊："停放拖拉机的场地进水了！"

雷锋一听，径直朝停放拖拉机的地方奔去。只见洪水已经漫到车轮边上了，他见状后毫不迟疑地跳上驾驶台，把拖拉机发动起来，开向了一块高地。

雷锋返回场部吃饭的时候，洪水越涨越猛。拖拉机虽然已停放在高地上，但他仍放心不下，又匆匆背上工具袋，提上一盏马灯，准备去守护拖拉机。

但就在这时，通往停放拖拉机场地的道路，水深已达好几尺，天黑又无法看清道路，涉水过去是很危险的。怎么办呢？他想了想，转身跑回场部，搬出一个打稻用的稻桶放在水里，又找来一根竹篙子，想坐上去以稻桶作小船撑过去。

但是，雷锋从来没有划过船，加上风浪大，他撑来撑去，稻桶却不听使唤，而且在水中摇晃得很厉害。有的同志见了，连忙喊道："小雷，快回来，危险呀！"

雷锋不顾个人安危，终于冲破风浪，把稻桶撑到了停放拖拉机的高地。他把稻桶拴在一块大石头上，马上奔向拖拉机，把油布揭去，这里敲敲，那里摸摸，看看机件是否完好无损。

最后，雷锋又试着发动了一下引擎，从响声中听不出什么毛病，他这才如释重负地坐在驾驶座上。望着滚滚的洪流，雷锋心想：等洪水一退，就又可以出车了。

转眼秋收季节就到了，沉甸甸的稻穗铺在了团山湖农场的万亩土地上。团山湖由往日的荒芜地变成了米粮川，这其中饱含着雷锋热爱祖国的心愿和辛勤忘我的劳动。雷锋用自己的汗水浇灌了这块养育他的土地。

为了抢救国家财产，雷锋哪里最危险就到哪里去；为了给农场买拖拉机，雷锋全部捐出了自己平时节约的钱；为了农场建设，雷锋勤学苦练，成为年轻的拖拉机手。虽然当时雷锋年纪小，却为党和国家做出了突出的贡献。所以，雷锋同志非常值得我们尊敬和学习。

与伙伴们去鞍山

鞍（ān）山钢铁公司在湖南湘潭、长沙、望城地区招收的最后一批青年工人离湘北上的那天晚上，长沙车站灯火闪耀，人流如梭。雷锋也在其中。

农场秋收后的一天，县招待所有人给雷锋打了个电话。给他打电话的人是服务员张建文。原来，鞍山钢铁公司派了个招工小组来县里招收青年工人，张建文希望雷锋能同他一起报名。

一心想为国家作贡献的雷锋，听到这个消息，心中立刻像长了翅膀，他征得县委领导的支持和农场领导的同意后，正式报名了。雷锋要到鞍钢去的消息很快就在农场传开了，大家纷纷向他表示祝贺。临别前夕，他和农场的同志们互相鼓励，依依惜别。

很快，雷锋准备和大家坐火车出发了。鞍钢招工小组的一个同志，站在椅子上宣布了旅途注意事项和编组名单。雷锋被指定为第三组组长，他的组员有张建文、杨华等二十多个同志。

杨华是望城县二中女子篮球队的队员，以前她们二中篮球队曾和雷锋所在的团山湖农场篮球队一起打过比赛，因此和雷锋算是老朋友了。雷锋和本小组的伙伴——打过招呼，逐个分发了车票和旅途生活费。

检票铃声一响，雷锋便招呼本组人员排队进站台。他让几个女同志排在小组最前边，在照看小组人员依次进了站台以后，便挑着行李"噌（cēng）噌"地跑到大家前面去了。

　　杨华以为雷锋准是想先上车给小组的人多占几个座位。没想到他跑到车门口，不仅没立即上车，反而一耸肩撂（liào）下行李担，一面清点本小组上车的人数，一面帮助大家往车上搬递笨重的行李。

　　"组长，快把你的东西递过来！我们给你占了一个座位。"杨华探出头，冲雷锋喊道。

　　"要得！"雷锋向她们扬扬手，就把他的东西从窗口一件件递了上去：一个半旧的蓝布行李包，一只沉甸甸的藤条箱子，还有那根小巧油亮的竹扁担。然后，他搀扶一位拄拐杖的老人上了车。

　　杨华招手让雷锋过来坐，他却乐呵呵地把座位让给了拄拐杖的老人。火车开出了几站地，拄拐杖的老人下车了。杨华困倦得刚要眯起眼睛，只见雷锋朝这边走来，那神情、步态，竟毫无倦意。

　　雷锋向杨华点点头，便从行李架上把他那只沉甸甸的藤条箱子抱下

来，打开箱盖想找什么东西。杨华低头一看，里面装的多半是书！只见他找出一本《钢铁是怎样炼成的》。

她熟悉这本小说的名字，还能背诵"人最宝贵的东西是生命……"那段充满豪情的话，但她是从名人名言中学来的，并没有读过全书。

张建文坐在雷锋对面，一睁眼看见了他手中的那本厚书，便伸手翻看一下书名，见上面写着《钢铁是怎样炼成的》，便懵懂着说："组长抓得真紧，还没到鞍钢，就钻研起炼钢技术来啦？"

这句话把大家都逗乐了。

雷锋指着手中的书说："这不是技术书，是小说，讲的不是炼钢，而是怎样'炼人'……"雷锋没有笑，张建文倒不好意思地笑了。

到了后半夜，大家都睡了，只有雷锋还在埋头看书。

杨华一觉醒来，窗外已透出淡淡的晨光，她扭头一看，雷锋不见了，只有那本《钢铁是怎样炼成的》放在座位上。杨华拿起书看看插放书签的位置，就晓得雷锋准是一夜都没睡。

杨华拿出牙具走进了列车洗漱间，看见雷锋正在洗头。他一扬脸，从镜子里瞧见了杨华，说道："睡得好吗？"

杨华说："嗯，你可没尝到车上睡觉的滋味，看了一夜书，你就不困？"

雷锋甩了甩湿漉（lù）漉的

> **《钢铁是怎样炼成的》** 《钢铁是怎样炼成的》是苏联作家尼古拉·奥斯特洛夫斯基所著的一部长篇小说，于1933年写成。小说通过记叙保尔·柯察金的成长道路告诉人们：一个人只有在革命的艰难困苦中战胜敌人也战胜自己，只有在把自己的追求和祖国、人民的利益联系在一起的时候，才会创造出奇迹，才会成长为钢铁战士。

头发说："你瞧，用冷水一冲就把瞌睡冲跑了。"

8时整，列车到了武昌站。大家一片欢声笑语，都很高兴在这里换车，因为这样一来便可以在武汉三镇逗留七八个小时呢！

雷锋他们迎着初升的太阳走上武昌街头，径直朝长江大桥走去。清爽的江风吹拂着他们的面颊，那辽阔的江面、雄伟的大桥以及两岸的风光，使他们目不暇接。

雷锋望着这雄伟的大桥，眼里闪着激动的光芒，他赞叹不已地说了一句："原来全是钢铁呀！"

杨华没有听懂他的话，问："你说什么钢铁？"

雷锋神情庄重地指着大桥说："你们看，那下层铁路桥是用什么造的？那上层公路桥又是用什么造的？钢铁，全是钢铁！这需要多少钢铁呀！我国刚刚建成了这第一座长江大桥，今后还要建很多这样的大桥，会需要很多的钢铁！长江，还有黄河……"他没有把话说完，但他那坚毅的神情感染了大家。

感　悟

雷锋乐于助人，充满热情，还喜欢读书学习，这无疑给他增加了许多个人魅力，也让他能够在短时间内结交很多朋友。如果我们平时缺乏友谊，不妨向雷锋同志学习，也让自己多一分个人魅力吧！

当上了推土机手

几经周折后，雷锋他们终于来到了梦想中的地方，准备在这里为祖国奉献自己的青春。鞍钢的同志们敲锣打鼓，热烈欢迎远道而来的青年伙伴。

雷锋下了火车，第一个印象就是：好家伙，我们的鞍钢真大呀！鞍钢宏伟的建筑、高大的厂房、耸入云霄的烟囱、四通八达的运输线，一下映入他的眼帘。

第二天，厂里组织新来的同志们参观钢厂。在冶炼车间，雷锋被炼钢工人争分夺秒、为钢而战的英雄气概所感染，他立刻迎着红彤彤的炉门，走到一位满脸是汗的工人面前，问道："师傅，学会炼钢要用多长时间？"

"怎么，你要到我们车间来吗？"

"我争取来。"

"欢迎你来。"

"我一定来！"

接着，他们又到化工总厂参观。这时正赶上一列专用火车满载着乌黑锃亮的煤开进了煤场，只见车皮上了翻车机，"哗啦啦"一阵巨响，车皮一翻身，整车的煤就卸到煤场了。

煤场里有几辆推土机，上面的机铲像一把把巨大的铁锹，把火车上卸下的煤推到高大的门形吊车底下，吊车再把煤吊到输送带上，转运到

工人阶级 又称无产阶级，是中国的领导阶级。马克思主义认为，工人阶级是那些靠出卖劳动力、不拥有生产资料，劳动成果大部分被资产阶级剥削，并为社会创造主要财富的阶层，包括大部分的体力和脑力劳动者。

炼焦车间……

雷锋十分惊奇地看着这一切，越发感到工人阶级的伟大。这里没见几个工人干活，可转眼工夫，一火车煤就卸完了，吊车又能把它迅速地运走，这是多么高的工作效率啊！

厂里很快就开始给新来的青年工人分配工种了。一心想当炼钢工人的雷锋却被分配到化工总厂洗煤车间。雷锋没有这个思想准备，见到洗煤车间于主任就坦率地说："我是来炼钢的，我的志愿都填在表上了，可为什么还把我分配到洗煤车间来？"

洗煤 是煤炭深加工的一个不可缺少的工序，从矿井中直接开采出来的煤炭叫原煤，原煤在开采过程中混入了许多杂质，而且煤炭的品质也不同，内在灰分小和内在灰分大的煤混杂在一起。洗煤就是将原煤中的杂质剔除，或将优质煤和劣质煤炭进行分门别类的一种工业工艺。

车间于主任是位老工人，很喜欢雷锋这种直爽、坦率的性格，他亲切地上前拍了一下雷锋的肩膀说："小伙子，组织上考虑你曾开过拖拉机，因此现在分配你来当推土机手，这个安排很得当嘛！"

"当推土机手？"雷锋想到参观煤场时的情形，喃（nán）喃地说，"开推土机和炼钢有什么关系？"

于主任解释说："你刚来，还不了解炼钢的复杂过程，让你开推土机也是为了炼钢啊！拿咱们洗煤车间来说吧，如果每天不把大量的煤炼成焦炭，炼铁厂的高炉能炼出铁来吗？如果不把炼焦时生产的煤气输送到炼钢厂去，他们怎么能炼出钢来呢？所以，大工业生产就像一架机器，每个厂、每个车间、每个工种，都是这部机器上的零件和螺丝钉，谁都离不了谁。你想想，机器缺少了螺丝钉能行吗？"

螺丝钉！好一颗螺丝钉！这话县委张书记说过呀！雷锋听车间主任这么一讲，马上就明白了其中的道理。于是，他下决心要在鞍钢这架大机器上当好一颗小小的螺丝钉。

雷锋高高兴兴地来到工作地。他看到大小型号的推土机正在煤场上作业，立刻找到值班主任要求跟班干。

值班主任见雷锋个头矮小，便指着一台小型号的推土机，说："今后你就跟那台小号车子干吧！"

"为什么跟小的？那儿有几辆大车子，为什么偏偏让我跟小的？我要求跟大车子学。"

"开大车子是很吃力的。"

"吃力不怕，能多干活就行！"

值班主任很喜欢雷锋这股冲劲，马上领他到80号大型推土机旁，指着车上的一位老司机说："今后，你就跟这位李师傅学吧！"

"好！"雷锋这下高兴了，他没等李师傅停稳车，就爬上了那辆像坦克一样大的推土机。

雷锋紧紧握住李师傅的手说："师傅，收下我这个徒弟吧，我保证很快就学会它！"

李师傅知道雷锋过去开过拖拉机，虽然担心他个头小，开大车子有困难，但还是很高兴地收下了这个徒弟，只是有些担心地说："你这个南方小鬼，刚来到东北就赶上了冬天，开推土机又是露天作业，你受得了吗？"

"师傅，你放心，什么困难也难不住我！"

就这样，雷锋迎着寒冬，开始学习操作推土机的技术。每天他都提前上班，作好准备工作，等李师傅一到，立即就能作业。李师傅开车的时候，他就站在一旁留心观察，琢磨着开推土机和开拖拉机有哪些不同之处，又有哪些相同之处。

每当钳（qián）工来检修推土机时，雷锋都不放过这个难得的学习机会，通过帮助钳工检修机器，进一步熟悉推土机的构造、各种部件的性能，以及拆卸安装的技术。

一次，推土机的油泵突然出了毛病，李师傅正要动手检修，雷锋马上拿起检修工具，说："师傅，我来修。"

"你能行吗？"

"试试看吧!"雷锋立即钻到车盘底下,仰卧在煤地上进行检修。虽然他弄得满身都是煤灰和油渍,但很快就修好了油泵。

李师傅高兴得逢人就说:"在我教的徒弟里,数小雷岁数小,可他是学得最好的一个,像他这样勤奋、虚心,没有学不会的技术。"

雷锋驾驶的80号推土机,机头很高。由于他个子矮小,坐着开车很困难,而且还看不到前面的大铲子,站起来车棚盖又碰脑袋,所以他不得不经常猫着腰干。值班主任见雷锋开大车子实在是太吃力了,就想给他换个小车子,可是,值班主任磨破了嘴皮雷锋也不肯换。

有一次,一场大雪覆盖了煤场。雷锋上班后,主动站在雪地里指挥铲煤,让李师傅坐在驾驶室里操作。

休息时,雷锋让师傅进屋去暖和一下,自己则又开动车子干了起来。因为雪大路滑,车子猛一颠簸(diān bǒ),撞歪了通廊(láng)下的小铁道。听到车前一响,车身抖了一下,雷锋立即下车检查。

李师傅赶过来一看,严肃地批评道:"小雷,你怎么这么莽撞!只知道完成自己的任务,你撞坏了通廊小铁道,人家可怎么完成任务?"

雷锋当学徒三个月来,第一次出事故,第一次挨批评,不由得脸上火辣辣的,心里十分懊悔,但他一声没响,利用休息时间,同李师傅一起修好了小铁道。

为了这件事,雷锋和李师傅一夜都没睡好觉。李师傅怕他闹情绪,第二天刚上班就找他交换意见。

"小雷呀,昨天我对你批评太严厉了,你可别生气。"

雷锋诚恳地说:"师傅您说的哪里话,您批评得对。我保证以后一定不再犯这种错。"

从此,雷锋工作起来更加认真,更加负责任了。

用推土机铲煤，有时难免会把地上的泥土铲进煤里。像山一样的煤堆，铲进一点泥土本来算不了什么，可雷锋却不这么认为，他觉得只要有一点泥土掺进煤里，就会影响炼焦质量，焦炭质量不好，就会影响炼钢、炼铁，这可不是小事情。

雷锋细心钻研推土机的落铲技术，尽力做到既能把煤铲净，又不带进一点泥土。如果发现煤里带进了土，他就立刻下车把它挑出来，见到别人带进了泥土，他也帮助人家设法把土挑出来。他这种认真负责的工作态度，感染了其他的推土机手们，大家都自觉地学习他的做法。

一次，值班主任在大会上表扬了雷锋这种兢兢业业的工作态度。会后，雷锋找到值班主任说："主任，你为什么老表扬我呀，还是给我提提缺点吧！"

值班主任说："你为啥老叫人家提缺点呢？"

雷锋说："煤里有土会影响炼焦质量，我们就设法把它挑出来。人有缺点也是一样，不设法挑出来，也会影响进步啊!"

感　悟

雷锋不仅爱学习，肯钻研，能吃苦，敢负责，而且能够知错就改，甚至主动让人帮自己找缺点。通过这些，我们不难发现雷锋年纪轻轻就取得那么多的成绩和进步的原因所在。我们要想取得成绩，要想快速进步，也要向雷锋同志学习。

勇于克服困难

1959年8月20日，雷锋和一群有志青年报名到鞍钢弓长岭矿山参加新建焦化厂工作，他们决心为祖国的社会主义建设事业做出新的贡献。

告别钢铁厂的同志，雷锋来到了新建的焦化厂工地。这里位于弓长岭偏僻的山脚下，刚来到这里时，工人宿舍还没有盖起来，大家暂时住在破旧的土房里。食堂是临时搭的大席棚，厨房是露天灶，每天走的是坑洼不平的山路，吃水和用水都要到离工地两千多米远的河里去挑。

工地的工作和生活条件与鞍钢相比，真是差得太远了。但是，雷锋却没有想这些，他一来到工地，就帮助大家搬行李、整理床铺，里里外外忙得最欢。

工地团总支李书记知道雷锋是从鞍钢化工总厂来的先进生产者，看到雷锋自打来到工地以后，就从早忙到晚，没有闲着的时候。于是，他把雷锋叫到身边说："看得出来，你和那些怕吃苦，不安心工作的同志不一样，希望你以后在这

> **团总支** 中国共青团的总支部委员会的简称，在党委和共青团团委领导下工作。团的基层组织，根据工作需要和团员人数，经上级团委员会批准，分别设立团的基层委员会、总支部委员会、支部委员会。设立团总支，目的是在上级团委的领导下，积极配合开展各项工作，加强广大共青团员的联系和思想道德建设。

里更好地发挥模范作用。"

雷锋说："我是个苦孩子出身，是党把我培养长大的。我走到哪里，哪里就是我的家。现在来到工地，工地就是我的家。越困难越能锻炼人，我就准备在这里扎根啦！"

一天夜里，忽然刮起了大风，刮得破土房里冷飕（sōu）飕的，大家都没有睡好觉。

"冷吧，小雷？"挨着雷锋的老师傅将压脚被盖在雷锋身上。

"我不冷，你盖吧！"雷锋又把被子还给了老师傅。

"南方小鬼，比不上北方人扛冻！"老师傅还是给他盖上了。

"师傅，我什么苦都吃过。"雷锋见大家都睡不着，就讲起了自己童年的苦难。有的人听着听着，流下了眼泪。雷锋最后说："比比过去，想想现在，眼下有个睡觉的地方就是福啦！"

那位老师傅感动地又给他掖（yē）掖被角，说："睡吧，睡吧，等把宿舍盖起来就好了。"

在修建宿舍的过程中，运石头，雷锋拣重的挑；运木料，他挑大的扛。发现好人好事，他就编快板、写墙报，进行宣传。他走到哪里都像一团火，使他身边的每一个人都感到特别温暖。领导把他编进青年突击队，共青团员们选他当了团支部宣传委员。

入冬以后，东北山区格外冷，这无疑给施工带来了新的困难。领导把和泥这个最累、最脏的活，交给了雷锋所在的青年突击队小组。干了两天，雷锋发现砌砖和运砖的同志上班后要等和泥小组把泥和好才能开始干活，每天都为此窝工个把小时，影响施工进度。

为了不窝工，雷锋发动了和泥小组的几个共青团员提前上班，每天天不亮，别人还在熟睡的时候，他们就来到工地先和好一堆泥，等砌砖和运砖的同志一上班，就可以马上干活了。

　　但是，在冬季施工中，一开始由于没有经验，用土和的泥黏结性小，砌上的砖不牢固。经过研究，雷锋和同志们把蒿（hāo）草、沙子和土掺在一起即可解决这个问题。

　　但是，大家只用铁锹（qiāo）与二齿钩子进行拌和，进度十分慢，硬土块还搅拌不开。为此，砌墙的同志有意见了："这和的是什么泥？疙瘩（gē da）溜球的，一点都不好用。"

　　雷锋觉得人家说得对，他二话不说就脱下鞋，挽起裤腿，踏进泥水里，用脚踏碎土疙瘩。工段领导怕冻坏他的脚，连忙取来胶靴（xuē）叫他穿上。可穿上胶靴（xuē），一踩进泥里，胶靴就被黏（nián）住，拔不出来。劲没少费，泥还是和不均匀。

　　雷锋干脆把靴子甩掉，又光脚踩泥了。在雷锋的带动下，伙伴们也照着他的样子干起来。

泥水冰冷刺骨，沙石、乱草扎得脚生疼，但他们毫无怨言，一直坚持这样干，终于和出了质量好的泥，保证了施工质量。

施工进展很快，砖墙越砌越高。但是，墙砌得越高越不便于运泥。雷锋一边赤脚踩泥，一边琢磨：能不能找个窍门？他站在泥里比比画画的，谁也不知道他想干什么。同雷锋一起从湖南来的小叶，好奇地问道："你比比画画地想干什么？"

"来，帮我参谋参谋。"雷锋从稀泥中拔出脚来，对小叶说，"我想搞个土吊车运泥，你看行不？"说罢，他把大家叫在一起，在地上画着图，讲解他的想法。

"行，保管行！"伙伴们都赞成他的想法，并立即向工段领导进行了汇报，得到了领导的支持。

当天，他们就在工地上架起了"横杆吊斗"，经过试验，完全适用，吊泥、吊砖、吊瓦都行，大大加快了施工进度。

白天劳动了一天，晚上业余时间大家便下下棋、打打扑克，雷锋有时也和大家一起玩玩，但更多的时间他都是用来学习。

有时晚上开会，把时间挤掉了，他宁肯少睡一会儿，也要坚持学习。因为这事，老师傅时常劝他："你这样看书，非把眼睛看坏不可。熬夜到半夜三更的，别把身体搞垮了。"

雷锋对同志们的关怀、爱护是十分感激的，但他一拿起书本就忘了伙伴们的劝告。于是有人又从另一个角度向他提意见："你一看书就是半宿，浪费公家的电不说，还影响大家休息。"

这倒引起了雷锋的重视，任何不利于集体的事他都不会去做的。刚好这时车间调度室修好了，到了晚上，他就跑到那里去读书。

一天晚上，雷锋正在新建的调度室里看书，忽听外面"哗哗"地下起雨来。他走出调度室，风雨迎面扑来，天黑得伸手不见五指。

住在这里的调度员十分着急地说："工地上还有六节车皮的水泥没卸下来，遭雨一淋，就要变质，得赶快叫人抢卸！"

雷锋一听，吃了一惊，水泥是国家财产，绝不能让它受到损失。他马上顶风冒雨跑回宿舍，叫上二十多个小伙子，又把自己的衣服、被子都抱到现场，盖在了水泥上。

雷锋组织大家分头找雨布，找芦席，抬的抬，盖的盖。经过一场雨夜激战，七千多袋水泥没有受到损失，可是雷锋的衣服、被子却连泥带水搞了个一塌糊涂。

雷锋在焦化厂工地只工作了5个月，加上在鞍钢化工总厂的时间，总共只有14个月，在这短短的时间里，他3次被评为先进生产者，18次被评为标兵，5次被评为红旗手，并荣获"青年社会主义建设积极分子"称号。火红的青春，为他赢得了满身荣誉。

感 悟

雷锋常说："不经风雨，长不成大树；不受百炼，难以成钢。迎着困难前进，这也是我们革命青年成长的必由之路。有理想有出息的青年，必定是乐于吃苦的人。"

正是这种不怕吃苦的精神，让他战胜了一个又一个困难，赢得了满身荣誉。我们要想成为对国家有用的人才，也必须像雷锋同志那样，不怕吃苦，勇于战胜困难。

成为光荣的军人

1960年的征兵工作开始了，雷锋一得知消息就睡不着了。那天夜里，外面下着大雪，雷锋却满脑子是当兵的事情，一有动静，他就觉得是应征伙伴们跑去报名的脚步声。

报名参军的日子到了，这天凌晨3时多，雷锋一骨碌爬起来，跑到了负责应征报名工作的团总支李书记那里，"砰砰"地敲起门来。

团总支书记急忙从床上起来，见他着急的样子，笑着问道："你呀，半夜三更不睡觉，这么早跑来干什么？"

"我是来报名参军的。"

"你也不把衣服穿好，等冻出病来，连枪也扛不动了。"团总支书记把自己压在被子上的棉袄披在雷锋身上，拉他坐在床边笑着问道："说说，你为什么这样急着要去当兵？"

其实，早在十年前，解放军的队伍路过家乡时，雷锋就曾经要求跟着队伍走，只是因那时年龄太小而没走成，但是强烈的参军愿望却一直埋藏在心里。

雷锋简要地说："我是个苦孩子出身，吃过旧社会的许多苦头。我是在新社会里长大的，眼看着生活一天天好起来。这好日子来得不容易呀，受过苦的人，谁不想保卫它！"

团总支书记听完他的话，答应给他联系一下，但又说："你小子，体质也不太好，体检合不合格，我可不敢担保。"

雷锋信心十足地说："只要厂里同意，我才不怕体检呢！"

报名以后，雷锋怀着激动的心情等待着公布应征体检名单。等了几天不见结果，他实在等不及了，就去找团总支书记请了假，来到辽阳市人民武装部。武装部负责征兵的同志接待了他。

在体检站里，雷锋看到那些应征青年好像都比自己长得魁梧（kuí wu）结实，深感这一关也是不好过的。特别是当医生喊他量身高时，他首先说明："同志，别看我个头小，可我在农场是拖拉机手，在工厂是推土机手，满身是劲儿。"

医生冲他笑了笑，说："才一米五四，是矮了点。"

雷锋说："个子矮点，打起仗来才能灵活哩！"

量体重时，雷锋心里更觉得不踏实，于是就憋足了劲往下压。

医生又忍不住笑了："小伙子，你使多大劲儿也增加不了体重，看看，还不够50公斤哩！"

"还不够50公斤？"雷锋连忙解释说，"我是没吃早饭就来了，要吃了早饭，保证够！"

这话把医生和周围的人都逗得哈哈大笑。

到内科检查的时候，掀开内衣，医生发现他脊背上有一块伤疤，惊异地问："这伤疤是……"

一提起伤疤，那旧社会的悲惨遭遇又浮现在他的眼前，他愤愤地说："医生，这伤疤是旧社会在我

人民武装部 各级人民武装部是本地区或本单位的军事领导指挥机关，也是同级地方中国共产党委员会的军事工作部门和政府的兵役工作机构，受上级军事机关和同级地方党委、人民政府的双重领导。中国共产党一贯重视人民群众武装力量的建设。在历次革命战争时期，都在县、区建立人民群众武装的领导机构。

身上刻下的仇恨！就是为了人们永远不再有这样的伤疤，我才坚决要求参军的！"

医生很同情雷锋，尽管身体条件差一些，但觉得他要求参军的目的明确，于是就叫他再到武装部谈一谈。经过谈话，武装部的同志把他编进了预备队里，暂时住在新兵集中站。

雷锋在这里照样闲不住，主动帮助武装部的同志整理、搭配准备发放的新兵服装。一包包的服装打开以后，他随手拿了一套小号军装和一顶棉军帽，美滋滋地穿戴起来。

穿戴完后，雷锋直挺着腰板儿站在一位负责分发服装的助理员跟前，问："同志，你看！我像个人民解放军的战士吗？"

对方只是一笑，意思是：光像有什么用，编进预备队还没有资格穿军装呢！雷锋感到很扫兴，转身脱下军装放回原处，暗暗地下了决心：我一定得穿上军装！

后来，武装部的领导同志和工程兵派来接兵的荆营长，专门研究了雷锋的入伍问题。他们认为，雷锋是个苦孩子出身，经过实际斗争的锻炼，立场坚定，政治素质好，虽然身体条件差些，但他在农场开过拖拉机，在工厂开过推土机，还多次被评为社会主义建设积极分子和先进生产者，相信他入伍后会成长得更快。最终决定批准雷锋入伍。

工程兵 是指担负军事工程保障任务的专业兵种，各国军队的军种中都编有工程兵。陆军工程兵一般由工兵、舟桥、建筑、工程维护、伪装、野战给水工程等专业部队、分队组成。其他军种的工程兵，一般只编工程建筑部队、工程维护部队等。

1960年1月8日，雷锋穿上军装，作为一名新战士，就要起程了。在向武装部领导同志辞行的时候，他庄严地说："请首长放心，今后我一定会成为一名好战士！"

雷锋带着武装部首长和工厂同志们的殷切期望，无比兴奋地随着新兵队伍向辽阳车站走去。他走在队伍后面，昂首阔步，可神气啦！

队伍经过夹道欢送的人群，迎着和煦（xù）的阳光，在一片热烈的气氛中登上了火车。几小时后，火车徐徐驶进营口车站。欢迎新战友的队伍在月台上敲锣打鼓，高呼口号。

接兵的荆营长指着雷锋向部队首长介绍说："这位小同志就是大家推选出来的新战士代表。"

雷锋立刻向部队首长敬了个礼。

"你叫什么名字？"一位部队首长问道。

"雷锋——打雷的雷，冲锋的锋！"

"好响亮的名字啊！"首长拍了拍他的肩膀说，"一会儿召开欢迎

新战友大会，要请你这位新战士代表讲话呀！"

欢迎新战友入伍大会是在辽河口部队操场上召开的。那天风很大，漫天飘雪花。

部队首长和老战士代表讲话后，主持大会的团俱乐部主任宣布："现在欢迎新战士代表——雷锋同志讲话。"

在一阵热烈的掌声中，雷锋精神抖擞地走上讲台。上千名战友把视线集中在他身上，只见他挺着胸，昂着头，站在话筒前，个头虽然不高，却显得格外精神。

雷锋掏出事先准备好的演讲稿，大声说道："敬爱的首长和老大哥同志们，让我代表新战士……"一句话没讲完，从辽河口刮来的风，把他手中的讲稿吹乱了，怎么展也展不平。

团俱乐部主任担心他讲砸了，想上前帮他一把，没想到雷锋把发言稿一团，抓着话筒来了个即席发言：

我们这些新战士，能在20世纪60年代开门红的日子里穿上军装，来到革命大家庭，感到非常光荣。我们来自五湖四海，来自祖国的四面八方，有工人，有农民，也有学生，可我们只有一个心愿：为了保卫祖国，一定要当个像样的兵，绝不辜负首长和老战友的期望。

雷锋讲得非常好，赢得全场一片热烈的掌声。

欢迎大会结束后，新战士来到整洁明亮的新兵连宿舍。一进屋，火炉早已烧得旺旺的，烤得人满脸通红。老战士们的亲热劲儿就甭提了，有的帮助新战友铺床，有的替他们打来洗脸水，有的向他们介绍新兵连的连长、排长、班长……

当天晚上，雷锋参加了第一次班务会以后，在明亮的灯光下，把一幅黄继光的头像小心翼翼地贴在自己崭新的日记本的扉页上，端详了许久。他以无比激动的心情，写下了当兵第一天的日记：

> 这天是我永远不能忘记的日子。在革命的大家庭里，我一定要好好地锻炼自己。我一定要向董存瑞、黄继光、安业民等英雄的战士学习。我一定要做一个毛泽东时代的好战士，我要把我可爱的青春献给祖国最壮丽的事业。

冬天，祖国的东北千里冰封，万里雪飘。部队驻地，迎着辽河口刮来的寒风，更是凛冽袭人。但是，雷锋却时时感受着人民军队的无比温暖。在新兵教育中，老团长亲自给大家上传统教育课。那天，雷锋和大家一起来到团俱乐部，一进门就被挂在四周墙壁上的许多奖旗吸引住了：呀，这么多奖旗！都是怎么得来的？

雷锋目不暇接地望着一面面奖旗上绣的字，有的绣着"名扬川西"，有的绣着"功在黔东

班务会 顾名思义，就是针对班务招开的会议。我军《内务条令》规定的基层行政例会，第一个就是班务会。条令明确规定："每周召开一次，由班长主持，星期日晚饭后进行，一般不超过一小时，主要是检查小结一周的工作。"班务会上，全班人员群策群力，为班上甚至于中队建设提出合理化建议和意见，从而使战士们主动参与部队管理教育工作，推动整个部队健康发展。

南"，有的绣着"万难莫挡英雄连"，这些奖旗上都留有战争年代硝烟的痕迹。

大家坐好后，老团长以切身经历讲述了这些奖旗的来历。其中包含着多少可歌可泣的英勇战斗故事啊！

此后，雷锋决心以实际行动发扬人民军队的优良传统。他在新兵连就像老战友那样热心帮助战友。他主动教大家唱歌，办"学习专栏"。有的同志在学习上、生活上有了困难，他就竭尽全力给予帮助。出公差勤务、搞内务卫生他事事抢在头里。

每天早晨，雷锋比班长和值日的同志起得还早，等起床号一响，他已经把宿舍的火炉子生得旺旺的了。战友们都说雷锋的工作热情就像火炉里的火那样旺盛。

一天夜里，雷锋挎着冲锋枪在营房门前站岗。他站这班岗的时间是凌晨2时至3时。但是，到了时间，下一班的战士却没有来换岗。雷锋紧握手中枪，没有离开哨位，又坚持站了一班岗。

由于夜里站岗受了凉，收操一回来，雷锋就感到头有些昏昏沉沉，浑身一阵冷一阵热的。但他不愿意为自己的一点小病去分首长和同志们的心，他打起精神，没有露出一点病容，照常参加新兵连的各项活动。

晚上，熄灯号吹过很久了，新兵营荆营长轻手轻脚地到宿舍查铺来了。有的战士在酣睡中伸出胳膊露出腿，荆营长便轻轻地给他移进被窝里，再掖好被角。

荆营长走到雷锋的床头，轻轻掀开被角，摸了摸他的额角，发觉烫手，便又给他盖好被子，转身出去了。

不过一刻钟，荆营长又回来了，后面还跟着一个手提药箱的同志，原来荆营长请来了军医。雷锋很受感动。经过医生诊断是患了重感冒。

荆营长倒了一杯开水，让他服了药，然后给他盖好被子，又脱下自己的大衣给他盖上。

临走时，荆营长又轻声嘱咐说："有病可不能硬挺着啊！好好睡一觉，出身热汗就会好的。"

雷锋躺在荆营长给他盖了又盖的热被窝里，真比婴儿睡在母亲怀抱里还温暖。他凝望着窗玻璃上结的冰花，浮想联翩（piān），心中一热，禁不住流下了眼泪。

清晨的军号声，打破了军营的寂静。雷锋猛然醒来，觉得身上轻松了些，翻身起来，又要下地生火炉子。

"你老实儿躺下！"薛班长制止了他，"你忘了荆营长夜里说的话了？病了，可不能硬挺着干哪！"

战友们生着了火炉子，都围拢在雷锋床前，有的问候病情，有的给他端水送药，有的给他送来热毛巾擦脸。

早操后，薛班长从伙房端来一碗热腾腾的面条，说："雷锋，这是荆营长让炊事班给你做的，快趁热吃了吧！"

雷锋接过这碗热汤面，感到心里暖乎乎的。他赶忙让一个同志把压在被子上的大衣给荆营长送去。

这天，雷锋没有参加操练。他披着棉衣坐在床边，手捧《毛

《为人民服务》 是毛泽东主席于1944年9月8日在张思德同志追悼会上的演讲稿。张思德同志在陕西烧炭时，因炭窑倒塌而牺牲。当时，抗日战争正处在十分艰苦的阶段，有许多困难需要克服。毛泽东主席针对这一情况，讲述为人民服务的道理，号召大家学习张思德同志完全彻底为人民服务的精神，团结起来，打败日本侵略者。

泽东选集》第三卷，又翻看了《为人民服务》一文。接着，他打开日记本，深情地吟诵着他抄录的那首心爱的诗歌：

> 唱支山歌给党听，
> 我把党来比母亲，
> 母亲只生我的身，
> 党的光辉照我心，
> 旧社会的鞭子抽我身，
> 母亲只会泪淋淋，
> 共产党号召我们闹革命，
> 夺过鞭子揍敌人。

感 悟

没有稳固的国防，便没有人民的安宁。有为青年立志从军，热血男儿精忠报国。雷锋在这方面为年轻人作出了表率。我们要深刻认识到应征入伍是十分光荣的事情，承载着党和人民的重托，积极到军队中接受磨炼，在推进军队和国防事业现代化建设上尽到自身的力量。

在军营中接受考验

"为了保卫祖国，苦练杀敌本领！"这是竖立在新兵连操场上的一块红色标语牌，也是雷锋和新战友们共同的决心，他们一起为保卫国家而努力拼搏着……

在新兵训练期间，每天除进行社会主义教育和传统教育外，还进行军事、军容风纪、内务卫生等方面的训练。薛班长对雷锋的初始训练成绩相当满意。

但是，开始练手榴弹掷远时，薛班长见雷锋个子小，体质弱，未免有些担心了。他说："雷锋，开始练投弹，你可能有些困难。遇到困难就说话，大家想办法帮你解决。"

"放心吧，班长，我什么困难也不怕！"雷锋蛮有信心地回答。

真叫班长猜着了。几天来，雷锋拼着全身力气练投弹，却怎么投都不及格。你看班里那个王大个子多神气，抓起教练弹像玩儿似的，跑上几步一撒手，教练弹打着旋儿朝前飞，落地就过50米大关。可是教练弹一抓在雷锋手里，就显得格外沉重，他费尽力气，投一次，不及格，再投一次，还是不及格。

薛班长屡次向他传授要领，帮他纠正动作，雷锋也边琢磨边练，直甩得胳膊生疼，可就是达不到标准，真是急死人了。

中午回到宿舍，雷锋心里十分不安，唯恐自己一个人不及格，会影响全班训练成绩。更重要的是，作为一名解放军战士，连个手榴弹都投不远，还说什么保卫祖国？他越想越着急。

　　这天中午，雷锋没顾得上休息，撂下饭碗，抓起教练弹，又跑到操场训练去了。他这样投来投去，一连几天，胳膊甩得又肿又疼，不但没有进步，反而越投越近。那些天他是觉也睡不好，饭也吃不香。心想：难道我就被这个小小的手榴弹难倒了吗？

　　王大个子也为他着急。他想帮助雷锋达到及格标准，又实在对他缺乏信心。因为他往雷锋身旁一站，比个头，他又高又壮；比胳膊，他又粗又长；比手掌，他又大又有劲儿。

　　"雷锋，不是我打击你的积极性，我看你再练也是白费力气，条件差嘛！"

　　"条件？"雷锋看着眼前的大个子战友，又看看自己，忍住臂痛笑了笑说，"大王，条件差怎么办？我现在一靠自己练，二靠大家帮，不会白费力气的。"

雷锋是个思想开阔，不怕困难，善于学习的青年战士。他翻开《毛泽东选集》第三卷，读了《愚公移山》一文，为了激励自己克服投弹的困难，他在这篇文章"注释"下面空白的地方，写下了这样一段话：

> 《愚公移山》一文是毛泽东在中国共产党第七次全国代表大会上作的闭幕词，与《为人民服务》《纪念白求恩》并称为老三篇，收录于《毛泽东选集》。毛主席把帝国主义和封建主义比作两座大山，共产党以愚公自诩，表示我党坚决反帝国反封建的决心。

愚公能挖掉两座大山。

我有恒心克服各种困难，学习好军事技术和毛主席的著作，把自己锻炼成为一个又红又专的共产主义革命战士，更好地为人民服务。

一天晚上，薛班长从连部开会回来告诉雷锋，指导员叫他去一趟。雷锋来到连部，进门报告敬礼的时候，指导员注意到他抬胳膊有点吃力，便关切地说："瞧你，练得太猛啦！"

"指导员，你放心，这点困难我一定能克服。"

"也不要太着急呀！"

"当了兵，连个手榴弹都投不好，我能不急吗？"

指导员完全理解雷锋的心情。但见他过于疲劳，便没有深谈，只鼓励他几

> 指导员 政治指导员的简称，指解放军连级单位以及武警部队中队的政工干部，是和连长、中队长平级的首长。解放军实行的是"党指挥枪"原则，指导员一般担任连队的党支部书记，连长、中队长为党支部副书记。

句，就叫他早点回去休息了。雷锋回到宿舍，心情总是平静不下来。他从挎包里掏出日记本，一页一页地翻看着，当翻到不久前从报纸上摘录的一段话，便轻声地念了起来：

斗争最艰苦的时候，也就是胜利即将来临的时候，可也是最容易动摇的时候。因此，对每个人来说，这是个考验的关口。经得起考验，顺利地通过这一关，那就成了光荣的革命战士；经不起考验，通不过这一关，那就要成为可耻的逃兵。是光荣的战士，还是可耻的逃兵，那就要看人在困难面前有没有坚定不移的信念了。

这些话真是说到雷锋的心坎上了，念着念着，他掏出钢笔，坐在灯下想记点什么。可当他看到自己剪贴在日记本上的黄继光画像时，英雄战士的目光炯（jiǒng）炯地望着他，他感到一股巨大的力量鼓舞着自己，觉得浑身是劲，胳膊好像也不那么疼了。翻到1月18日写的日记时，他不由得轻声念道：

雷锋同志：
愿你做暴风雨中的松柏，
不愿你做温室中的弱苗。

"说到就要做到。"雷锋合上日记本，悄悄抓起一枚教练弹，又到操场上去了。他不管雪冷风寒，用劲甩甩胳膊，运运劲儿，又开始练习投弹了。雷锋知道自己投弹不及格的主要原因是臂力不够。为了增强臂力，他不管投多远，只要教练弹一出手，马上就追过去，抓起来再往回投，往回跑，就像一只小老虎在操场上来回奔跑。

练了投弹，雷锋又去练单杠。由于杠子高，每上一次杠，都要使好大的劲。手握铁杠，冰凉刺骨。他咬着牙，反复做引体向上，锻炼臂力。一下、两下、三下，直到双手再也抓不住杠子了，才肯休息一下。

"雷锋！"突然有人喊了他一声，原来是薛班长。"你怎么能这样拼命练呢！走，快睡觉去！"薛班长又是责备，又是关怀，上前拾起教练弹，拉起雷锋就走。

"班长，让我再练一会儿吧！"

"想一锹挖口井是不行的，要练也得匀着劲儿练。"

"那我就参加不了实弹演习啦！"

"我看没问题。"

回到宿舍，同志们已经睡着了。薛班长帮雷锋铺好被子，催他快躺下，并小声告诉他："往后别忘了，听到熄灯号就睡觉，这是制度。"

"嗯。"雷锋答应了一声，钻进了被窝。他的身子一沾床，浑身骨头像针扎似的疼，翻一下身就更疼了。他暗暗地告诫自己：现在是练杀敌本领，不苦一点，疼一点，怎么能练得出来呢！

雷锋在被窝里还在琢磨着投弹的动作要领，想着想着就睡着了。梦中，他又回到了操场上，手榴弹一出手，就超过了50米大关。一觉醒来，天还没亮，他又悄悄爬起来，向操场奔去。

十多天过去了。雷锋的努力没有白费，他终于超过了及格标准。全班同志都为他高兴。

王大个子也握住他的手说："你真行啊，雷锋！"

雷锋说："大家没少为我着急，你也没少帮助我呀！"

实弹考核的日子到了。新兵连的战士们集合在靶场上，按照命令，一个接着一个，把手榴弹投向假设的敌堡。

"雷锋就位！"连长发出了命令。

雷锋的心"怦怦"直跳。薛班长在旁叮咛他要沉着，千万别慌。指导员也向他投来鼓励的目光。

雷锋满怀信心地拧开手榴弹盖，将小铁环套在小指头上，全身一跃，跳出了堑壕，冲过一段开阔地，在投弹线上猛力一甩，只听"轰"的一声，手榴弹命中"敌"堡。

这次考核，雷锋得了个优秀，连首长和同志们都向他表示祝贺。雷锋心里乐滋滋的，他深深体会到了一个新战士经过苦练获得优异成绩的愉快心情。但他也知道，在保卫祖国的征途上，这仅仅是迈出了微小的第一步。

斗争最艰苦的时候，是胜利即将来临的时候，也是最容易动摇的时候。经得起考验，顺利地通过这一关，那就成了光荣的革命战士；经不起考验，通不过这一关，那就要成为可耻的逃兵。雷锋同志用坚定的信念和不懈的努力，经受住了最后的考验，成为一名优秀的新兵战士。在人生的漫漫征途中，我们不能成为逃兵，也要向雷锋同志那样，经受住最后的考验，成为勇敢的战士。

坚决服从革命需要

在革命的征途中，雷锋这样说："革命需要我烧木炭，我就去做张思德；革命需要我去堵枪眼，我就去做黄继光。"他是这样说的，也是这样做的。

新兵训练结束了。一天，领导正式宣布了新战士的分配名单。雷锋被分到运输连当汽车兵。分配名单刚宣布完，雷锋就对新兵连指导员提了一个问题："当汽车兵能够上前线吗？"

"上前线？"指导员看着雷锋那严肃而又略带稚气的面容，马上猜透了他的心思，便笑了笑说，"你在电影上看过志愿军在朝鲜战场的情形吧，打起仗来，汽车兵当然要上前线。"

雷锋点点头，笑了。

"笑什么，当汽车兵，有意见吗？"指导员问。

"当然没意见，"雷锋说，"只要能够让我上前线，当什么兵都行啊！"

"好！"指导员对他的回答很满意，接着问道："今天晚上开文

> **志愿军** 中国人民志愿军是1950年10月至1959年1月期间参加抗美援朝的中国方面部队，由中国人民解放军东北边防军改编而成。中国人民志愿军的第一任司令员兼政治委员是彭德怀。抗美援朝战争结束，中国人民志愿军即分批从朝鲜撤离。1959年1月，志愿军司令部、政治部、后勤部建制均被撤销。

艺晚会，你准备了什么节目？"

"我想朗诵一首诗，行吗？"雷锋有些腼腆（miǎn tiǎn）地说。

"什么诗？"

"是我刚写的一首小诗，题目叫《当我穿上军装的时候》。"

"好啊！"

晚会开始了。新战士们八仙过海，各显其能，你说一段快板，他唱一段赞歌，用各种文艺形式表达自己参加人民军队、热爱人民军队的欢快心情。在一阵热烈的掌声中，雷锋走到台前，激情洋溢地朗诵道：

> 小青年实现了美丽的理想，
> 第一次穿上了庄严的军装，
> 急着对照镜子，
> 心窝里飞出了金凤凰。
> 党分配他驾驶汽车，
> 每日就聚精会神坚守在车旁，
> 将机器擦得像闪光的明镜，
> 爱护它像爱护自己的眼睛一样。

雷锋朗诵完这首诗，赢得了战友们的热烈掌声。

第二天一大早，连里召集各班班长开了紧急会议。薛班长一回来就叫大家马上打背包，准备分头下建制连，说部队已经开始行动了，要移防去执行一项新的任务，新战士立即随建制连队出发。

部队生活就是这样：有了命令，立即行动。雷锋听说马上就要随同运输连去执行一项新的任务，立刻就想起了电影中抗美援朝战场上及支援边疆建设的一个个镜头：

> 驾驶着满载弹药的汽车，冒着敌机的轰炸扫射，在浓烟
> 烈火中飞驰向前，把弹药送到前线；在崎岖的青藏公路上，一
> 个个英雄司机，驾驶着满载支援边疆建设物资的汽车，冒着寒
> 风大雪，穿山越岭，奔赴边疆……

雷锋把背包打得结结实实的，巴不得马上驾驶着汽车到祖国最需要的地方去参加战斗。早饭后，雷锋和分配到运输连的其他同志，已经集合在一起，在薛班长的带领下，准备出发了。

这时，新兵连通信员突然跑来，通知雷锋马上到连部去一趟。雷锋急急忙忙来到连部。新兵连指导员却不慌不忙地让他坐下，说："雷锋啊，你要去完成一项新的任务。"

"我已经知道了，"没等指导员把话说完，雷锋就接上了，"咱们全团要去执行一项新的任务，已经开始行动了。我马上就跟随班长到运输连去。指导员还有什么指示吗？"

"你呀，"指导员笑了笑，知道他把话听错了，就说，"你暂时不要到运输连去了。昨天开晚会，团俱乐部陈主任来听了你的诗朗诵，选上你这个演员啦！刚才团里来电话，指名叫你去参加团里的战士业余演出队，今天就去报到。"

"这可太突然了！"

"指导员，参加演出队还能跟部队一块行动吗？"

"当然跟部队一起行动。"指导员告诉他，部队要到抚顺去参加一项重要的建筑工程施工，帮助扩建抚顺钢厂。演出队暂时留下排练节

目。节目排好后，代表全团指战员先向这里的人民群众进行几场慰问演出，然后就到抚顺去为施工部队演出。

"这样决定，你有什么意见？"指导员最后说。

雷锋万万没有想到，在他已经打好背包准备要到运输连去的时候，领导竟让自己留下来参加演出队，这实在太突然了。但他想：参加演出队也是党的工作，组织上既然已经决定了，我还有什么可说的？

"服从革命需要，党叫干啥就干啥。"雷锋响亮地回答。

可是，经过排练，大家发现，雷锋的湖南口音很重，和大家的声音极不协调。考虑到演出效果，陈主任打算把雷锋换下来。

"换下我来，是为了更好地完成演出任务，做好党的宣传工作，我完全同意。"他爽朗地说。4月中旬，雷锋随同演出队来到抚顺，组织上让他回到了运输连。

感 悟

面对组织的临时安排，"服从革命需要，党叫干啥就干啥"是雷锋同志响亮的回答。正是因为高度的服从精神，处处为集体着想，绝不计较个人得失，让雷锋同志无论走到什么岗位，都能够干得有声有色。

在日常工作和生活中，我们也要坚持中国共产党的领导，多为国家和集体着想。这样，大家共同努力，中华民族的复兴梦想才能早日实现。

努力学习开汽车

运输连一二排是老兵排，三排是新兵训练排。雷锋被分配到三排学习开汽车。一个新的难题摆在了他的面前：落下的课程还能够补上吗？

雷锋回到了运输连的时候，新兵排的同志已经学了一个多月，汽车理论课差不多已经学完，眼看就要开始学习实际驾驶了。了解到这些情况后，他立刻向三排长兼汽车教员反映了自己焦急的心情。他说："排长，你可得赶紧帮助我呀！"

三排长给他一本《汽车驾驶》课本，说："咱们一块学吧，你下连晚了，光着急没用，一时上不了工地，晚几天就晚几天吧！"

车场上一排空车，雷锋就拿着笔记本爬到车上，钻到车下，对照着机件一件一件地熟悉它、掌握它。这样，他很快就把汽车的原理、构造和汽车的特点摸得一清二楚。

按理说，熟悉汽车的原理、构造后，接着就该上车学驾驶了。但是，由于连里运输任务重，许多教练车都被调到第一线参加工地施工去了，这样一来，用于学习的车就很少了。而新兵排二三十人，每人每天轮流驾驶不了一次车，这可怎么办呢？

新战士小韩提醒说："你们看过六班做的那个汽车模型吗？咱们能不能造个教练车？"

王大个子不以为然地说："汽车模型像个玩具似的，能解决你的驾驶问题吗？"

小韩冲着大个子说："你再想想嘛！"

雷锋想了想，脑子开了窍，明白了小韩的意思，说："你是说，他们能做汽车模型，我们就不能造个汽车教练台？"

小韩说："就是嘛！咱们造不了汽车，造个教练台总可以吧！"

王大个子也来了劲头。他们按照教材画了一张汽车教练台的设计图，得到三排长的支持后，就按图的需要找来一些废旧物品，大家动手，你当木匠，他当铁匠，叮叮当当地，不到两天，就把它造出来了。

在安装方向盘时，雷锋用砂纸把方向盘擦了又擦，涂上黑油漆，就跟新的一样。

小韩问："你把它打扮得这么漂亮干什么？"

雷锋说："汽车开得好坏，全靠掌握方向盘。"

小韩听了连连点头说："你真够细心的。"

做好的汽车教练台放在宿舍门前，新兵排的同志对它很感兴趣，这个上去练一练，那个上去学一学，都说和坐在教练车上学原地驾驶差不多。雷锋抓紧一切时间，坐在教练台上反复练习踩油门、踏离合器、挂挡、掌握方向盘，就像开动真的汽车一样。运输连高指导员听了三排长的汇报，在全连军人大会上表扬了雷锋刻苦钻研技术的精神。

一个月后，经过考核，雷锋成了一名合格的汽车兵。连队决定把他从新兵训练排调到二排四班，交给他一辆军用卡车，批准他跟老同志一起上工地，小韩给他当助手。

当雷锋亲自为工地运去第一车水泥的时候，建筑工程已经打好地基开始砌砖了。他感慨地对四班同志们说："哎，我来晚了！"

"怎么晚呢，你是从新兵训练排最早一个下战斗班的，真是后来居上啊！"四班的同志都很佩服这位新来的战友。

一次出车前，雷锋和助手小韩在检查车辆时，发现一个豆粒般大小的火花塞帽不见了，找了半天也没找到。

小韩着急出车，便找来一个新的火花塞帽，说："把它换上，赶紧出车吧，今天任务很重！"

"任务重也不能这样走。"雷锋想，若是火花塞帽掉进汽缸里，马马虎虎把车开出去，就会发生事故，给国家造成损失。他说："不找到这个火花塞帽，我们绝不能出车。"

小韩见雷锋这样坚决，只得跟他一起将车辆机件拆开，细心查找，终于在汽缸里找到了火花塞帽。这件事使小韩受到了很大的教育，心想，如果不是雷锋坚持要找，出了车，非出事故不可。

在繁重的工作之余，雷锋依然坚持学习。一天晚上，夜已经很深了。高指导员从营部开会回来，见雷锋还坐在连部埋头读书，就说：

"雷锋啊，学习好，但也要休息好，都快半夜了，怎么还不去睡？"

雷锋站起来说："我想把这篇文章读完再睡。"

高指导员看看表，已经23时多了，就说："今天太晚了，明天还要出车呢，睡去吧！"

连部办公室的里屋就是高指导员的宿舍，雷锋心想，指导员忙了一天，也该休息了，自己不能在这儿打扰他休息，于是一边答应，一边收起了书，拎起挎包走了出去。

高指导员进屋睡了一觉，醒来一看，办公室的灯还亮着，原来是雷锋不知什么时候又回来了，仍然坐在原来的位置上埋头看书。

高指导员怕雷锋熬坏了身体，便披上衣服悄悄地走到他身后，见他正在《矛盾论》单行本第五页的书边上写着："外因是条件，内因作决定，要想求进步，主观多努力。"高指导员钦佩地点了点头。

这时，雷锋发现高指导员在身后，连忙站起来说："指导员，我影响你休息了。"

"没有。"高指导员关切地让他坐下继续写，同时拿起他读过的《毛泽东选集》第三卷翻看着。他读得多么用心，多么仔细呀，几乎每一篇每一页都画了一些学习要点，边边角角上还写着一些阅读心得。

这些心得多半写得比较简单，有的只是一两句话，甚至三两个字，例如"好！""牢记！""就这样办！"等，无不凝聚着雷锋对毛泽东和老一辈革

《矛盾论》 毛泽东1937年8月所写，曾在延安的抗日军事政治大学作过讲演。1951年在收入《毛泽东选集》第一卷的时候，作者作了部分的补充、删节和修改。文章从方法论上批判了"左"倾、右倾的错误思想。

命家的深厚感情，并充分体现了
他理论联系实际的好学风。

高指导员想：雷锋这种学习
精神是相当可贵的，应该在全连
干部战士中加以提倡。

在《论联合政府》一文最后
一节的空白处，雷锋写道：

> 《论联合政府》 是毛泽东1945年4月24日在中国共产党第七次全国代表大会上所作的政治报告。1953年收入人民出版社出版的《毛泽东选集》第三卷。该报告完整地阐述了党的三大作风，丰富和发展了马克思主义关于党的建设的学说，对于夺取抗日战争的最后胜利、建立新中国，具有重要意义。

　　无数革命先烈为了人民的利益牺牲了他们的生命，给我们换来了幸福。今天，我们没有理由不好好工作和学习，没有理由不改正缺点和错误，没有理由只顾自己不顾集体，没有理由只顾个人眼前利益，而忘记了整个无产阶级的最大利益。

翻开《为人民服务》一文，雷锋在最后一页的空白处写道：

　　我觉得一个革命者活着，就应该把毕生精力和整个生命为人类解放事业——共产主义全部献出。我活着只有一个目的：就是做一个对人民有用的人。生为人民生，死为人民死。

雷锋见高指导员翻看起来没个完，想到领导明天还要工作，就说：

"指导员，别看了，你该休息啦！"

高指导员看了看表，忍不住大声说："哎哟，赶快睡觉！明天你要出车，我也要上工地。"

等他们躺在床上，已经是后半夜2时了。从此，雷锋在学习上更加勤奋，更加扎实，而且把全班同志都带动起来了。

　　雷锋虽然耽误了一个多月的课程，却通过不懈的努力，不仅赶上了功课，而且后来居上，第一个从新兵训练排进入到了战斗班。

　　可见，暂时的落后并不可怕，可怕是放弃。只要肯努力，不放弃，我们即使暂时落后，也能够最终赶上，甚至超越那些走在前面的人。

主动积极抢险

1960年8月初，抚顺发生了严重的洪水灾害。洪水淹没了庄稼，淹没了公路，淹没了洼地房屋。雷锋带病参加了抗洪抢险的战斗。

炎夏时节，抚顺地区天气骤变，接连几天都暴雨倾盆，最终导致这一地区发生了洪水灾害。洪水越涨越猛，人民的生命财产受到了严重威胁。部队日夜奋战的建筑工程不得不暂时停了工。运输连几十辆汽车已经集合待命。

"紧急动员起来，保卫煤都，保卫人民生命财产的安全！"8月3日，运输连接到了抗洪抢险的命令。

几天来接连不断的暴雨，时刻冲击着雷锋那颗为人民而跳动的心。暴雨丝毫没有变小的迹象，雷锋吃不好饭，睡不好觉，发奋地做着力所能及的工作。

雷锋由于过分劳累，又着了凉，肠炎病也犯了，搞得身体很虚弱。就在这时，上级命令运输连到抚顺郊外上寺水库

煤都 这里指抚顺。1901年，抚顺开始了煤炭开采。从那时起，抚顺就成了世人瞩目之地。抚顺煤炭以产量高、质量好著称，黑黑的"乌金"给抚顺带来了财富与辉煌，仅新中国成立后就为国家贡献煤炭10亿吨。抚顺是中国最早告别农业社会的地区之一，"煤都"的美誉曾叫响全国乃至全世界。

去参加抗洪抢险。李连长集合队伍传达命令。

分配任务时，考虑到雷锋的身体情况，决定把他留在部队值班。命令刚传达完，雷锋就急忙奔到李连长跟前说："连长！你怎么能在这种时候把我留在部队？"

李连长望着他那消瘦的脸颊说："你身体不好嘛！"

"谁说我身体不好？"

"不要犟（jiàng）！病了，就要接受照顾。"

李连长指着他一只缠着绷带的手，关切地说："你手上的伤还没好利索，怎么能去抗洪抢险？"

"这点伤算什么呀！"雷锋一下子把手上的绷带扯了下来，把手伸向连长说，"看，快好了。"

雷锋手上的伤是怎么回事呢？原来，一天傍晚，雷锋正和几个同志在窗前打乒乓球，突然发现营区外的一栋木板房子里冒出浓烟烈火。

雷锋一看，忙说："不好，街道加工厂失火了！"他们丢下球拍，向起火地点跑去。他最先跑到现场，问明了情况，操起一个水盆就和大家一起奋力灭火。他的鞋子烧着了，衣服破了，手也被烧伤了。

谁料刚扑灭了烈火又来了洪水，在人民生命和国家财产遭到威胁的时候，一个革命战士又怎能坐视不顾呢？在雷锋的坚决请求下，李连长终于批准他和部队一起来到了直接威胁煤都安全的上寺水库。

在市防汛指挥部的直接指挥下，水库周围已汇成一支浩大的抗洪大军，成千上万的工农兵群众与洪水展开了激烈的搏斗。水库里的水位不断上涨，情况万分紧急！市防汛指挥部当机立断，决定连夜开掘溢洪道，宁可淹掉部分庄稼，也要保住煤都！

突然，"哗"的一声响，坝边上一大片黏土被暴雨冲垮，落了下来，雷锋在下边挖泥设防备，被砸了一身，手中的铁锹也被打掉了。他不顾满身泥水，弯下腰去找铁锹，但天黑雨大，没有找到。

没有了铁锹，雷锋就用手挖泥，挖一块往上甩一块，有时甩不上去，土坨子掉下来打在身上，弄得他浑身上下全是泥水。

一气干了很长时间，雷锋才觉

> **溢洪道** 是水库等水利建筑物的防洪设备，多筑在水坝的一侧，像一个大槽，当水库里水位超过安全限度时，水就从溢洪道向下游流出，防止水坝被毁坏。溢洪道一般不经常工作，却是水库枢纽中的重要建筑物。

得手指头火辣辣地疼，直起腰来，走到微弱的灯光下一看，糟糕，正是那只带有烧伤手的手指被磨破了，并且流出了血。

身边一个同志看见了，要他去找卫生员。他说什么也不肯去。现在情况太紧急了，开掘溢洪道刻不容缓，这点轻伤绝不能下火线！他说服了身边的同志，又弯下腰去，继续用手挖泥。

李连长猛一抬头，发现雷锋在用手挖泥，本想把自己用的铁锹给他，但又一想，他身体不好本不该来的，应该设法让他休息一下，于是高声喊道："雷锋！"

"到！"雷锋跑了过来。

"你马上到广播站去，把咱们连的好人好事宣传宣传。"

"是！"

过了一阵儿，广播喇叭里响起了雷锋的声音："同志们，听我言，英雄好汉出现在抗洪最前线……"雷锋把本连的好人好事编成快板，传遍了上寺水库。他的声音在狂风暴雨中显得格外铿锵（kēng qiāng）有力，鼓舞着奋战中的抗洪大军。

天快亮了，远处还不断响着沉闷的雷声，翻滚的乌云像来势凶猛的海潮似的，把刚刚露出的一线蓝天又给遮住了。

当部队换班休息的时候，雷锋步履蹒跚（pán shān）地走上大坝。这时，他突然感到一阵脑昏，有些支撑不住了。战友们连忙扶住他，但他还一再说："不要紧，不要紧。"

李连长叫来卫生员，吩咐道："你把雷锋扶到老乡家里去，让他好好休息一下，今天不许他再干了。"

"是！"卫生员扶着雷锋进了村，来到一户老乡家里。

这一家人都在大坝上抢险，家里只留一位老人照看着。老人热情地照料着躺在热炕上的雷锋，卫生员帮他包扎了手上的伤，又给他吃了药。他躺了一上午，出了一身汗，觉得精神好多了。

这时，忽然听到窗外又响起了换班的哨音，他猛地爬起来，掀开被子就要下地。卫生员拦住了雷锋，说什么也不让他出去。"你有病，我不能让你走，这是我的责任，也是连长交给我的任务。"

雷锋只好又躺下来。他暗自抱怨自己：雷锋啊，雷锋！这百年不遇的洪水，就像凶残的敌人一样闯进我们的家园，想要吞掉人民群众的生命财产，你作为一个人民的战士，怎么偏偏在这个时候病倒了呢？

雷锋再也躺不住了，翻身拉住卫生员的手说："卫生员同志，你说，这洪水是不是跟凶恶的敌人一样？"

卫生员真不知该怎样回答他。

"你说呀，黄继光在朝鲜战场上，为了祖国，为了朝鲜人民，用自己的胸膛堵住敌人的枪口，赢得了战斗的胜利，我们不应该向他学习吗？"雷锋不停地追问。

"这还用问！"卫生员被他的话感动了。

"那你说，我能因为这点病就躺在这里不动吗？"

卫生员犹豫了。见他一犹豫，雷锋起身下了炕，抓起一件雨衣，又顶风冒雨奔向了溢洪道。

雷锋在这场抗洪斗争中所表现的那种不畏艰险，不怕困难，为了人民利益奋不顾身的革命精神，受到战友们的热烈赞扬。作为奖励，团党委为他记了一次三等功。

感 悟

雷锋因为身体有病，本来可以不用参加抗洪抢险。但是他因为心存国家和人民，永远将国家和人民的利益放在第一位，因此才能不畏风险，不怕困难，勇敢地冲到了抗洪第一线，并立下了三等功。

这也提醒我们，要心中时刻装着国家和人民，只有这样，我们才能作出更多的成绩。

厉行勤俭节约

雷锋平时勤俭节约，许多人不了解雷锋，认为他光攒钱不花，是"傻子"。后来，大家才知道雷锋其实把攒的钱都支援了灾区和地方建设。

1960年9月，团政治处连续收到两封表扬雷锋的地方来信，一封是抚顺市望花区来信，一封是中共辽阳市委来信。前一封信是感谢雷锋支援他们100元钱的事。

望花区的信中说："雷锋同志热爱人民的一片红心，使我们全体干部、群众受到极大的鼓舞，给我们增添了克服困难的力量。当我们展望农村发展宏伟远景的时候，就自然而然地联想起人民的子弟兵——解放军，我们深信像雷锋这样的好战士有很多很多。"

辽阳市委的来信，也热烈赞扬了雷锋给灾区人民寄去100元钱的深情厚谊。信中说："党和毛主席十分关心灾区人民，已经派飞机运物资去支援了。灾区人民有信心战胜灾荒，克服暂时的困难。希望雷锋继续保持艰苦奋斗的革命精神，在保卫社会主义祖

中共辽阳市委 中国共产党辽阳市委员会的简称。市委是中国共产党在我国直辖市、地级市或县级市设立的最高领导机构，统领全市党组织和党员。中国共产党是我国的领导核心，市委作为党的地方领导机构在政治生活中是各项社会主义事业的领导核心。

国的伟大斗争中作出新的贡献。"并随信把钱寄了回来。

为了进一步了解雷锋的事迹，团政治处派了一名干事来到运输连了解事情的经过。原来，不久前的一天下午，抚顺南望花区的人民群众正在召开大生产动员大会。雷锋正好上街去办事，看到这个场面，心中的喜悦是难以形容的。他想，作为一个人民战士，自己能为社会主义建设做点什么呢？他左思右想，脑子里闪出一个捐款的念头，便立即挤出人群，来到了储蓄所。

雷锋取出自己在工厂和部队长年累月积攒的 200 元钱，一阵风似的跑到望花区，找到党委办公室的一位同志，拿出钱说："这是我对望花区人民的一点心意，请收下吧！"

"同志，这怎么好……"党委办公室的同志很受感动地说："你热爱人民的一片心意，我们收下，可是钱我们不能收，还是留着自己用或寄回家里去吧！"

雷锋激动而又诚恳地说："人民就是我的父母呀，我这钱就是给家里用的，假如我的父母还活着，我相信，他们一定不会拒绝一个儿子给的钱。"

雷锋一再恳求，甚至都急出了眼泪。办公室的同志实在不忍心谢绝这份深情厚谊，最后答应收下一半。这100元钱虽然不是很大的数目，但它却成了那里人民群众的一笔很大的精神财富。

事隔不久，当雷锋得知辽阳地区遭到了百年不遇的大洪水，雷锋的心又跟着紧张不安起来，他在那儿参军，在那儿生活、劳动过，也在那儿经受过艰苦的考验。他思念那里的伙伴们和新建的焦化厂。

当雷锋在报纸上看到党中央、毛主席派飞机给灾区人民送去救灾物资的消息时，他想：党和毛主席这样关心灾区人民，我这个来自辽阳的人民战士，能为灾区人民做点什么呢？

就在带病参加抗洪抢险的时候，雷锋写了一封慰问信，并带着连同自己剩下的100元钱，顶着大雨跑到邮局，寄给了辽阳市委。

津贴 军人津贴，国家以货币形式定期给予军人的补偿性和鼓励性报酬。通常由国家最高行政机关或军队最高统帅机关以法规形式规定。中国人民解放军军人津贴主要有义务兵基本津贴、军人职业津贴、军人岗位津贴、地区津贴、教龄津贴、护士工龄津贴、院士津贴、政府特殊津贴等。

雷锋的物质生活十分俭朴。参军以来，他每月领的津贴费，除了留下一角钱交团费，两角钱买肥皂，再留些钱买书外，节余的钱，全部存入储蓄所。

雷锋穿的袜子补了又补，已经补得变了模样，还舍不得丢掉。他的搪瓷脸盆和漱（shù）口缸儿用了多年，上面的瓷掉了许多，也舍不得买个新的。

发夏装的时候，施工部队规定每人发两套单军装，两件衬衣，两双鞋。当司务长把这些东西发给雷锋时，他却说："我只领一套军装，一件衬衣，一双鞋就行了。"

"为什么只要一套？"司务长奇怪地问道。

"有一套就够穿了，"雷锋说，"即使我现在穿的这套带补丁的衣服也比我小时候穿的不知要好上多少倍，剩下的一套给国家节约啦！"

领完夏装不久，雷锋去参加沈阳部队工程兵举行的体育运动会，大热的天，真是又热又渴。不少同志在小卖部买汽水喝，他也掏出几角钱，想去买瓶汽水。

可巧，这时有人送来了开水，雷锋又把钱收起来，转身去喝开水。刚巧被一个战友看见了，还和他争论了起来："我说雷锋，你连瓶汽水也舍不得买呀！"

"喝点开水不是一样解渴吗？"

"我真不明白，就你一个人，攒那么多钱干啥？"

"怎么能说我就一个人，我们祖国大家庭有6亿多人口呢（当时全国的人口数量是6亿多）！为了改变我们国家这一穷二白的面貌，党和毛主席一再号召我们要艰苦奋斗，我们做得怎么样呢？"

"咱们国家那么大，困难再多，还能缺你那几个钱！"

"积少成多呀，同志！"雷锋说，"你算算，每人一天节约一角钱，全国一天节约多少钱？咱们是国家的主人，不算这笔账怎么行！"

雷锋艰苦奋斗的言行是很感人的。运输连也有的同志不了解雷锋，说他光攒钱不花，是"吝啬"，是"傻子"。后来，当这些同志听说雷锋把攒的钱都支援了灾区和地方建设，才意识到自己的看法错了。

雷锋从来没把别人说自己"傻"这件事放在心上。他对这个问题早就有了明确的认识。他在日记中写道：

> 有些人说我是"傻子"，是不对的。我要做一个有利于人民、有利于国家的人。如果说这是"傻子"，那我是甘心愿意做这样的"傻子"。革命需要这样的"傻子"，建设也需要这样的"傻子"。我就是长着一个心眼，我一心向着党，向着社会主义，向着共产主义。

感 悟

勤俭节约是中国人的一种传统美德，是中华民族的优良传统。雷锋同志为我们做出了最好的表率。勤俭节约的美德如甘霖，能让贫穷的土地开出富裕的花；勤俭节约的美德似雨露，能让富有的土地结下智慧的果。

在建设节约型社会中，要牢固树立"浪费也是腐败"的节约意识，克服"花公家钱不心疼"的不良心态，形成"铺张浪费可耻，勤俭节约光荣"的良好氛围，使勤俭节约成为一种时尚、一种习惯、一种精神。

申请加入共产党

雷锋在入党申请书中表示：坚决听党的话，一辈子跟着党走。为了早日入党，他严格按照党组织的要求，发奋地学习和工作，不断地锻炼和改造自己。

在团党委书记韩政委的办公桌上，放着一份雷锋的自述材料，题目是《解放后我有了家，我的母亲就是党》。韩政委为什么会有一份雷锋的自述材料呢？

原来，雷锋的事迹传开后，团党委听取了政治处的汇报，讨论了雷锋艰苦奋斗、勤俭节约，以实际行动支援灾区和地方建设等事迹，决定树立他为全团的"节约标兵"，号召全团指战员向他学习。

为使全团同志更具体地了解雷锋的模范事迹，韩政委让政治处帮助雷锋把他在旧社会的苦难遭遇和新中国成立后的成长经历，写成材料印发各连党支部组织阅读。

为此，政治处把雷锋找来，听取他的详细汇报，边听边记录，用了两天时间，整理成一份近万字的《雷锋同志模范事迹材料》，最后让雷锋自己过目定稿。雷锋仔细地作了一些删节和修改，并加上了《解放后我有了家，我的母亲就是党》这个题目。

韩政委仔细地看了这份材料，立刻批准打印上报下发。使韩政委受感动的是，雷锋同志这样年轻，可他的经历是多么不平常啊！一个在旧社会惨遭家破人亡的孤儿，新中国成立后，在党的关怀培育下，在建设

农业合作化 是指在中国共产党领导下，通过各种互助合作的形式，把以生产资料私有制为基础的个体农业经济，改造为以生产资料公有制为基础的农业合作经济的过程。这一社会变革过程，又称农业集体化。

社会主义的征途中，在全国实现农业合作化时，他离开学校自愿留乡当了农民，成了拖拉机手，后来到鞍钢当了工人，现在又为保卫祖国当了解放军战士。

小小的年纪已经在工、农、兵三条战线上忘我奋斗，让人赞叹。这样的精神，正是中国共产党所需要的。可是，雷锋摘下红领巾，加入了共青团，却还没有入党呢！

韩政委立即给运输连打了电话，询问雷锋入党的事。

运输连高指导员汇报说，雷锋已向党支部提出了申请，经过研究，支部认为，雷锋出身贫苦，爱憎分明，好学上进，阶级觉悟高，入党动机纯正，只是考虑到入伍时间还不长，需要再经过一段培养教育，就可以履行入党手续了。

韩政委在电话中说，要抓紧办这件事，只要具备了入党条件，不要过分强调入伍时间长短的问题。

一天中午，休班的同志都睡午觉了。高指导员根据政委的指示和支部的意见，想再找雷锋谈一次话。他来到四班宿舍一看，发现雷锋不在，只好到外面寻找。

高指导员走出宿舍，朝车场扫了一眼，发现 13 号车驾驶室里坐着一个人，因为车窗上反射着很强的阳光，看不清里面是谁，但高指导员猜想那准是雷锋。到车前一看，果然是雷锋在聚精会神地读书。

高指导员轻轻地叫了声："雷锋。"

雷锋这才发现高指导员来到了车窗前。

"指导员，你没休息呀？"

"说我？你呢？"高指导员笑呵呵地拉开车门，也坐进了驾驶室。他顺手拿过雷锋正在读的《毛泽东选集》第二卷，看到雷锋在上面认真做的笔记，深受感动，

高指导员把书还给雷锋，仿佛看到自己面前已经站起了一个模范共产党员的形象，他拉住雷锋的手说："支部已经讨论了你的入党申请，大家对你提出的希望，就是毛主席讲的这些话的意义呀！我们每个共产党员都应该这样做。"

"指导员，放心吧！"雷锋激动地说，"我一定好好学习马列主义毛泽东思想，按照党员标准严格要求自己，绝不辜负党的培养教育。"

按照党组织的要求，雷锋更加发奋地学习和工作，不断地锻炼和改造自己。他深切认识到，中国共产党是无产阶级的先锋队，是理论联系实际，密切联系群众，勇于批评和自我批评的马克思列宁主义政党。我们奋斗的目标，是实现共产主义，而雷锋就把党的这个最高纲领作为自己奋斗的目标。

雷锋在入党申请书中坚定表示：

> 坚决听党的话，一辈子跟着党走。我活着只有一个目的，就是为实现人类最伟大的理想——共产主义而斗争。

根据雷锋的一贯表现，支委会和支部大会一致通过了雷锋的入党申请。1960年11月8日，雷锋，这个刚刚20岁的年轻战士，光荣地加入了中国共产党。

这天下午，雷锋从沈阳回到抚顺，刚巧高指导员在营部开完了党委会，见到他就高兴地说："雷锋同志，党委已经批准了你的入党申请，从今天起，你就是中国共产党党员了！"

对一个立志为党终生奋斗的革命战士来说，这是多么大的喜讯，多么庄严的时刻啊！雷锋紧紧握住高指导员的手，眼里闪着激动的泪花说："放心吧，指导员！为了党的事业，我不惜牺牲自己的一切。"

感 悟

雷锋出身贫苦，爱憎分明，好学上进，阶级觉悟高，入党动机纯正，而且小小年纪，就已经在工、农、兵三条战线上忘我奋斗。这些无疑为他入党奠定了良好的基础，让他在刚刚20岁的时候，就光荣地加入了中国共产党。

我们想要成为光荣的共产党员，也要像雷锋同志那样，努力从各个方面提高自己，成为国家的有用人才。

热心帮助同志

正所谓："一花独秀不是春，百花齐放春满园。"在雷锋的影响和带动下，全班同志团结一心，成了全连又红又专的先进集体。

雷锋入伍不久，积极上进，并热心帮助他人。在雷锋的影响和带动下，全班同志团结一心，都以"钉子"精神坚持学习革命理论和军事技术，积极入党入团，有力地促进了各项工作的开展。

雷锋挎包里的书，一天天地多起来，挎包里装不下了，他就钉了一个小书架，把书都放在书架上供战友们阅读。战友们称这个书架为"雷锋图书馆"，这里是大家的学习园地。有个同志还编了首快板诗，热情地称赞这个小小的"雷锋图书馆"：

不用上书店，不用把腿跑，
不用借书证，不用打借条，
你要想看书，就把雷锋找。
小小图书馆，读者真不少，
上至连长，下至小乔。
小乔看不懂，雷锋把他找，
念给他听，指给他瞧，
两个小战士，团结得真好。

小乔是和雷锋一起入伍的同班战友。小乔这个同志，干起工作来是没说的，就是文化程度低了点儿，一提学习就头痛。雷锋为了帮助他，给他当了小教员，不断讲学习文化的重要性，讲学习方法，手把着手教他写字，还一再鼓励他增强学习的信心和勇气。

在雷锋的帮助下，小乔首先猛攻语文。经过一段时间的学习，有了明显的进步，排里进行语文测验，他得了个100分，高兴得他举着成绩表对雷锋说："这100分，得分给你50分！"

连里又给文化低的同志增加了算术课。小乔上完第一堂课，就拍着脑袋对雷锋说："咱底子薄，消化不了这加减乘除。"于是，雷锋又耐心地教他学算术，连教了两天，他还是"消化不了"。

一天，雷锋看到一篇《毛主席关怀警卫战士学文化》的文章，很受感动，立即找到小乔说："看，这里有篇文章，是专门写给你的。"

"专门写给我的？"小乔有点不信。

"你看嘛！"雷锋把报纸递给了他。

小乔一看上面有毛主席给战士讲课的照片，心里顿时感到热乎乎的，说："都写的啥内容，你念给我听听。"

雷锋细心地读起来，时不时地还讲解几句，激励他坚定学习的信心。小乔边听边点头，心想：毛主席这样关心战士学文化，咱还有啥可说的，困难再大，也要攻下算术这一关。

雷锋见小乔鼓起了学习信心，马上把事先给他订好的算术本和一支钢笔塞到他手里说："拿去，好好学习。"

"给了我，你用哈？"小乔不肯要。

"快拿去吧，我还有呢！"

"那，把报纸也给我，我再好好看看。"小乔拿过那张报纸又细心地读起来。

过了一段时间，雷锋出了几道算术题想考考小乔。小乔接过题目一看，胸有成竹地说："不难不难。"

小乔坐下来刚要解题，一掏衣袋，糟糕，雷锋给他的那支笔不见了。他把所有的衣袋都翻过了，也没找到。雷锋见他那着急的样子，又把自己的另一支笔掏出来递给了他，小乔接过笔，三下五除二地算起来。最后，雷锋一检查，发现他竟然全算对了。

"小乔，你进步真快呀！"

"还说呢，若不是你帮助我，我连加减乘除都分不清。"小乔边说边把笔还给了雷锋。

雷锋接过笔想了想，马上又递给他，说："这一支也送给你吧！"

"我不要，我明天上街买去。"

"快拿着吧！"

深秋的一天，连里组织人由雷锋带队上山割草，准备搭过冬菜窖。早饭后出发，晚饭前回来。中午饭在山上吃，每人带一大盒米饭。当时由于正处于三年经济困难时期，部队粮食也不足，运输连每日三餐都是用饭盒蒸饭，定量下米。

这天上山前吃早饭时，王大个子吃了三两馒头一碗粥，觉得没饱，于是就把准备带上山的一盒午饭也吃了，他心想：干脆装进肚子里一块带走吧！

王大个子膀大腰圆能吃能干，是全连有名的"大力士"。

> **三年经济困难时期** 是指我国从1959年至1961年期间，连续几年遭受大面积自然灾害所导致的全国性的粮食和副食品短缺危机，使得新中国面临建国以来最严重的经济困难，人民群众的生活也比较困苦。

来到山上，他甩开膀子干了一上午，干得很欢。到了中午12时，大家坐在山坡上吃午饭了，他却躲在一旁没吃的了。

雷锋知道王大个子没带午饭来的原因，就勒勒自己的腰带，走上前去，打开自己的饭盒递到他面前说："你这个大力士，干了一上午，不吃午饭怎么行？"

王大个子吞吞吐吐地说："我吃过了。"

雷锋笑道："我知道你吃过早饭了，别客气。"又捂捂自己的肚子说："今天我胃疼，实在吃不下，你就帮帮忙吧！"

雷锋把饭盒塞到他手上，转身就走了。

割草回来，雷锋在日记中写道：

　　　　我虽饿点，让他吃饱，这是我最大的快乐。我要牢牢记
　　　　住这段名言：

对待同志要像春天般的温暖，
对待工作要像夏天一样的火热，
对待个人主义要像秋风扫落叶一样，
对待敌人要像严冬一样残酷无情。

雷锋当副班长时，战友小范生活上有些自由散漫，李连长在军人大会上批评了他。小范思想上一时接受不了，散会以后，雷锋见他噘（juē）着嘴巴不高兴，就开导他说："小范，连长讲得对，革命部队就要有铁的纪律，如邱少云……"

"少给我上政治课，一边待着去吧！"

雷锋笑笑，并没生气，过了一会儿，他见小范平静下来，又继续说："领导们教育你，同志们帮助你，都是关心你的进步。你想想，我们来到部队是干什么？是自愿服兵役保卫祖国嘛！那就应该自觉地遵守纪律。革命军队需要铁的纪律，比不得在农村干活，再说，在农村干活，也还有个劳动纪律吧！"

小范听到这里，眨了眨眼睛。雷锋的话显然触动了他。

雷锋接着说："记得我们入伍离开辽阳的时候，你的家人再三嘱咐你要听党的话，好好锻炼自己，做个好样的战士。我们应该牢记这些话，不然，我们就对不起他们了。"

小范低下了头。雷锋一面

邱少云（1926年—1952年10月12日），出生于重庆市铜梁区少云镇玉屏村邱家沟，革命烈士。在参加朝鲜战争时，严格遵守纪律，为了集体，壮烈牺牲，年仅26岁。1953年6月，他获得"一级英雄"称号，2019年9月，入选"最美奋斗者"个人名单。

说，一面注意小范的表情。"就说我们自己吧，难道是因为在家饿肚子，到部队来混饭吃的？我觉得，我们吃饭是为了活着，可活着不是为了吃饭。我们活着应该全心全意为人民服务，为了远大的共产主义理想而奋斗！"

小范哽咽（gěng yè）起来了。过了一会儿，他抬起头，突然抓住雷锋的手，用溢满泪水的眼睛望着雷锋，激动地说："雷锋同志，你以后看我的行动吧！"后来，小范终于成了班里的好战士。

还有同班战友小周，本来爱说爱唱。可自从他接到一封家信后，情绪便开始低落，笑话也不说了，家乡小调也不唱了。经过侧面了解，雷锋才知道小周的父亲得了重病。

雷锋想：小周思想进步，工作积极，从来不谈个人问题，父亲病了大概也不会请假，这事可怎么办呢？雷锋设法问清了小周家的通信地址，用小周的名义写了一封信，同时给他家里寄去了10元钱。

不久，小周接到家里的回信说，寄去的钱已经收到，父亲吃药后，病好了很多，还叫他安心在部队工作，不要惦记家里。

小周感到非常纳闷：这是怎么回事？我什么时候给家里寄钱了？后来，当他知道这钱是雷锋寄去的时候，感动得一把抓住雷锋的手，哽咽着不知说什么才好。雷锋这种阶级友爱精神实在是令人感动。

一天夜里，连里吹起紧急集合号，大家忙着起床，小韩在匆忙中，棉裤让电瓶里的硫酸水烧蚀了几个小洞。演习回来以后，小韩又累又困，脱了衣服钻进被窝就睡着了。

这天夜里，雷锋站完夜班岗回到宿舍，看到有的同志蹬开了被子露出了腿脚，便轻手轻脚地过去给他们盖好。这时，他发现了小韩的棉裤烧了几个小洞，心想天这么冷，明天早起可不能让小韩穿着透风的衣裤去出操、出车了。

雷锋轻轻拿起小韩的棉裤想给他补一补，却又找不到合适的补丁布，琢磨了半天，觉得自己棉帽里的衬布很合适，就拆下来，一针一线地把小韩的棉裤缝补好。

第二天出完早操回来，大家围着火炉烤火时，小韩发现自己的棉裤已经补好了，他惊奇地叫起来："哎！怪呀，这是谁给我补的棉裤？"

大家你看看我，我瞅瞅你，都摇头说不知道。雷锋在一旁也不吭声，只是不住地用火钩捅炉子，把炉火捅得旺旺的。

小乔夜间站岗，知道了这个"谜"。他瞥（piē）了小韩半天，终于告诉了他："为了给你补棉裤，雷锋半宿都没睡啊！"

"又是雷锋！"小韩感动得一下抓住雷锋的手，两行热泪流了下来。是啊，雷锋对待同志就像春天般的温暖。他继承和发扬了我军的光荣传统，时刻从思想上、学习上、生活上关心爱护每一个同志。他以崇高的阶级友爱，把全班同志团结得像一个人一样，任何艰难险阻都无法阻挡他们奋勇前进的脚步。

感 悟

雷锋班级的团结精神离不开雷锋的影响。从战士到副班长，他时刻从思想上、学习上、生活上关心爱护每一个同志，因此才能赢得大家的喜爱。我们在班集体的生活中，也要注意关心爱护别人，力所能及地帮助同学。

坚持为人民服务

雷锋有崇高的愿望，他曾这样说："人的生命是有限的，可是，为人民服务是无限的，我要把有限的生命，投入到无限的为人民服务之中去。"

雷锋应邀到外地作报告的机会多了，为人民服务的机会也多了。这天，雷锋又踏上了从抚顺开往沈阳的列车。他看到上车的旅客越来越多，连忙把自己的座位让给了一位老人。

雷锋见列车员忙不过来，就主动帮着扫地，擦玻璃，拾掇（duō）桌子，给旅客倒水，帮助妇女抱孩子，给老年人找座位，帮助中途下车的旅客拿东西。

一些旅客见他忙前忙后的，便让出自己的座位说："同志，看你累得满头大汗，快过来歇歇吧！"

"我不累呀。"雷锋为人民服务是不知劳累的。

到沈阳车站换车的时候，一出检票口，他发现一群人围着一个领着小孩的中年妇女，人们正为她着急。这个说："你再好好找找，是不是装错了地方？"那个说："到吉林去的车快开了，这位大嫂丢了车票可怎么上车？"

只见那中年妇女急得把所有的衣袋翻了一遍又一遍，还是没找到。雷锋见此情景，不由得上前问道："大嫂，你到哪儿去呀？怎么把车票搞丢啦？"

那中年妇女说："俺从山东来，到吉林去看望孩儿他爹。不知道啥时候把车票和钱都给弄丢了。"

雷锋看看表，怕耽搁了那个中年妇女上车，便说："大嫂，别着急，跟我来吧！"

雷锋用自己的津贴费，补了一张去吉林的车票，塞到大嫂手里说："快拿着上车去吧，车快开了。"

那大嫂看着手中的车票，眼里含着热泪说："大兄弟，你叫什么名字？是哪个单位的？"

雷锋笑了笑，心想这大嫂真有意思，大概还想还钱呢，就说："大嫂，别问了，我叫解放军，就住在中国！"

"解放军！"那中年妇女眼泪汪汪地朝检票口走去，还不住地回头向雷锋招手。

1961年5月的一天，雷锋又冒雨到沈阳去。为了赶早车，他早晨5点

多就从床上爬起来，带上几个馒头，披上雨衣就走了。

在去车站路上，影影绰绰地看到前面有一位妇女身上背着一个孩子，手里还领着一个小女孩，在大雨中深一脚浅一脚地往车站方向走。

雷锋急忙跑上前去，脱下自己的雨衣披在那背小孩的妇女身上，又背起地下走着的小女孩，陪同她们母子一同到了车站。

上车后，雷锋见那小女孩冷得直打战，又把自己贴身的绒衣脱下来，给那小女孩穿在身上。雷锋估计她们也没有来得及吃早饭，就把带的馒头分给了两个孩子吃。

火车到了沈阳，天还在下雨，雷锋就一直把她们母子三人送到家里。那妇女感动得热泪盈眶，紧紧握着雷锋的手说："同志，我可怎么感谢你呀！"

"不要感谢我，大嫂，应该感谢党和毛主席呀！"

"雷锋出差一千里，好事做了一火车"的佳话就传开了。

瓢儿屯车站 地处辽宁省抚顺市望花区，是沈阳车务段管内苏抚线上一个办理客货运业务的三等站。2017年9月，瓢儿屯站停止办理旅客乘降，保留售票业务。这是一个弘扬雷锋精神的小站，1961年冬天，雷锋同志多次到这里义务劳动，这段珍贵历史始终激励着一代又一代车站人爱岗敬业、积极奉献。

一转眼春节到了。战友们都愉快地在一起搞各种文娱活动。雷锋和大家在俱乐部里打了一会儿乒乓球，心里总觉得好像有什么事儿没做似的。原来他想到每逢春节，正是各个服务部门和运输部门最忙的时候，这些地方现在是多么需要人帮忙啊！

雷锋放下乒乓球拍，叫上班里几个同志，一起向副连长请了假，直奔抚顺瓢儿屯车站。到了那里大家就分头忙起来了：这个帮助打扫候车室，给旅客倒水；那个扶老携幼，帮旅客上下车。

车站上的工作人员见到雷锋，以为他又是趁出差的机会在这里为大家服务，便过来打招呼说："雷锋同志，春节还出差呀？"

"是啊，春节你们站上太忙了，我们来出个公差。"

"出公差？"车站上的工作人员感动地说，"哎呀，你们太辛苦了，快休息休息吧！"

"做这点事能累得着吗？"

雷锋就是这样永不停息地、全心全意地履行为人民服务的誓言。

感 悟

"雷锋出差一千里，好事做了一火车。"这句话是当时人们对雷锋的真心赞誉。雷锋只是一个人，尽管他用毕生精力来行善扬善，其个人力量终究有限。但是，雷锋所传扬的雷锋精神却力量无穷、影响深远。

当我们每一个人都能够深刻学习领会雷锋精神的可贵之处，并用自己的实际行动去奉献社会、帮助他人，那么中华民族伟大复兴的梦想将会更早实现，我们的生活也将会更加幸福，美好。

担任校外辅导员

雷锋热爱孩子们，孩子们也热爱他。在一个阳光灿烂的中午，他穿着崭新的军装，系着鲜艳的红领巾，向建设街小学走去……

雷锋一直珍藏着一条他在小学读书时戴过的红领巾。从家乡到鞍钢，从鞍钢到部队，每当他看到这条红领巾时，脑海里就会想到：

我像一个学走路的孩子，党像母亲一样扶着我，领着我，教会我走路。我每成长一分，前进一步，这里面都渗透着党的亲切关怀和苦心栽培啊！

部队驻地附近几所小学的孩子们，每次见了雷锋，不是敬礼，就是问好。雷锋热爱孩子们，孩子们也热爱他。1960年10月以后，受小朋友们的热情邀请，受连队党支部的委托，雷锋先后担任了抚顺市建设街小学和本溪路小学少先队组织的校外辅导员。

同学们，四年前，我才摘下了红领巾，今天我又戴上了红领巾。这红领巾应该是我们革命的起点，让我们永远沿着党指引的道路前进。我们要做革命事业的接班人，就要保持红领巾鲜红的颜色，绝不让它沾染资产阶级的灰尘！

在一个阳光灿烂的中午，雷锋刚出车回来，听说孩子们要举行大队会，就连忙吃罢午饭，换了衣服跑来了。雷锋穿着崭新的军装，系着鲜艳的红领巾，向建设街小学走去。他一踏进校门，就被一群孩子围住了，他们跳跃着，欢呼着："欢迎雷锋叔叔！请雷锋叔叔讲故事！"

雷锋一来到孩子中间，就高兴得合不拢嘴，不住地笑。在大队会上，雷锋讲起了自己瞻仰韶山毛主席故居时所听到的毛主席青少年时代的革命故事。

一千多名少先队员，聚精会神地听着他生动的讲述，大家都被毛泽东主席青少年时代的革命精神深深地感动了。

建设街小学六年级二班有个学生，很聪明，但是也很调皮，整天打打闹闹不好好学习，个子老高了还没戴上红领巾。这个班的中队委员们都懒得理他了。

雷锋知道了这件事，就找到这个班的中队委员，对他们说："帮助同学进步，使他明确为革命学习的目的，是我们大家的责任。他功课不好，要动员他参加学习小组，帮助他赶上来，不理他是不对的。"

一个中队委员说："他谁的

毛主席故居 位于湖南省韶山市韶山乡韶山村土地冲上屋场，坐南朝北，属于土木结构的"凹"字型建筑，东边是毛泽东家，西边是邻居，中间堂屋两家共用。主要景点是毛泽东同志故居、韶山毛泽东同志纪念馆、毛泽东广场、滴水洞。1929年，故居被国民党政府没收，遭到破坏。1950年按原貌修复。1961年被中华人民共和国国务院公布为全国重点文物保护单位。1983年6月27日邓小平在门额匾上题字"毛泽东同志故居"。1997年7月，入选中宣部首批全国爱国主义教育基地。

话都不听，怎么办呢？"

"不要紧，我帮你们一道去做工作。"

从此，雷锋每次到学校来，都找这个同学谈心，给他讲故事，还约他到部队去玩。

一天，经过连里批准，雷锋开着汽车帮助学校到郊外去捡碎砖，准备修建校园花池。六年级二班的一些同学也跟去了。

到了郊外，大家都专心地捡碎砖，那个调皮的学生却偷偷地溜进汽车驾驶室摸摸这，动动那，把着方向盘，嘴里还发出"前进"的声音，好像汽车真的开起来一样，玩得可高兴啦！

突然，"吱"的一声，车门开了，这孩子吃了一惊，见是雷锋叔叔来了，心里嘀咕道：这回等着挨批评吧！

谁想雷锋根本没生气，反而笑着说："我看出来了，你喜欢开汽车，是不是？"

"我学不会。"

"只要用心学，学什么都不难。等捡完砖回去，我教你开汽车。"

孩子一听，高兴地跳下车，跟同学一块捡碎砖去了。回去的时候，雷锋真的叫他坐在驾驶室里，给他讲些开车的知识，可他完全听不懂。

雷锋趁机会教育他说："你瞧瞧，开辆汽车都这么复杂，将来你们要亲手把我们的祖国建设成为一个富强的社会主义国家，有很多重要的工作等着你们去做，现在光贪玩，不好好学习，不努力掌握为人民服务的本领，能行吗？你们有这么好的学习条件，应该努力学习才对呀！"

这孩子领会了雷锋的心意，有些不好意思地说："雷锋叔叔，我一定听你的话，克服缺点，好好学习，长大了为人民服务。"

从此，这孩子很快就克服了缺点，各方面都有了很大的进步。当他被批准入队，第一次戴上红领巾的时候，还特意跑到运输连告诉雷锋说："雷锋叔叔，我加入少年先锋队啦！"

"好啊，祝贺你！"雷锋又鼓励他一番。

雷锋成了孩子们的知心朋友，彼此间无话不说，时间长了，他觉得孩子们从小就应该明确：读书为什么？长大干什么？作为孩子们的辅导员，自己有责任帮助他们正确地对待这些问题。

本溪路小学有两个女同学，本来是很好的朋友，不知为什么突然闹了别扭，见面都不说话了。老师把这个情况告诉了雷锋。雷锋说："我找个机会和她们谈谈。"

一次，这个学校的少先队发动大家为学校的园地准备肥料，可学校缺少个粪勺，于是老师有意叫这两个同学到部队去借。她们两个来到运输连，找到雷锋，借了粪勺转身就走，互相也不说话，谁也不理谁，就像不认识一样。

雷锋看到这个架势，就把她们喊了回来，瞅瞅这个，看看那个，笑

着问道："怎么？听说你们最近闹别扭了，是真的吗？"

两个小朋友都被问得红了脸，心想：真是的，这事怎么叫雷锋叔叔知道了？她们在雷锋叔叔面前只好说了实话。原来，她们为了借铅笔和橡皮的事闹了意见，已经有一周都互相不说话了。

雷锋说："两个好朋友，为了一点小事就闹别扭，多不好。你们长大了，还要一起建设祖国呢，从小就不讲团结友爱，将来怎么能和大家齐心合力做好工作呢？"

雷锋的话打动了两个小朋友的心，她们都后悔不该为一点小事闹意见。但是，谁也不好意思先开口。

雷锋看出了她们的心事，就拉起她们的手说："你们要想搞好团结，就马上握握手吧！"

两个天真的孩子互相看了一眼，都忍不住笑了，两只小手在雷锋叔叔面前紧紧地握在了一起。

雷锋以实际行动启发教育孩子们克勤克俭、艰苦朴素的事情是很多的。建设街小学五年级三班的教室里，有一个窗子上的玻璃坏了，暂时用木板钉上了。

要换玻璃的时候，同学们把那块木板取了下来，把木板上的几个钉子拔下来，随手扔在地上。一抬头他们发现雷锋叔叔不知什么时候站在他们旁边，便高兴地说："叔叔，看，咱们教室要换玻璃了。"

"换玻璃好啊！"雷锋说着，便拾起扔在地上的几个钉子说："这些钉子以后还能用，怎么丢掉不要了？"

有个小同学说："几个破弯钉子，留着它有啥用？"

"破弯钉子？你们看，"雷锋拿过钉锤，把手中的弯钉子一颗颗地锤直了，又给大家看了看说："来，我给你们讲个螺丝钉的故事吧！"

"螺丝钉的故事？"孩子们最爱听雷锋叔叔讲故事啦！

"那是我在望城县委当公务员的时候，有一次，我跟县委书记下乡去，路上见到一个螺丝钉，被我一脚踢开了……"

孩子们听了雷锋亲身经历的这个故事，一个个眨着眼睛，都觉得自己就像雷锋叔叔当年那样做错了事，而现在的雷锋叔叔又多么像他讲的那位县委书记啊！

雷锋就是这样，以高度的革命责任感，辛勤地培育祖国的幼苗茁壮成长。共青团抚顺市委为了表彰雷锋同志的事迹，曾于1962年5月28日专门给他发了一张奖状，上面写着：奖给少先队优秀辅导员雷锋同志：保持光荣，继续前进。

感 悟

雷锋从心眼里喜欢孩子，从不板着面孔教训孩子，而是循循善诱，特别善于讲故事，因此才能够得到孩子们的信任和喜欢。雷锋同志的教育方法非常值得学习。

被选为人民代表

当政治处主任把代表证交到雷锋手中的时候，这个受尽旧社会折磨的孤儿、人民的战士，再也抑制不住内心的激动，他眼里含着热泪⋯⋯

雷锋听小朋友们说，运输连驻地附近，住着一位烈属张大娘，她的儿子在抗美援朝的白峰山"362高地"阻击战中，为了保卫祖国，为了保卫朝鲜人民，光荣地牺牲了，是白峰山阻击战七勇士之一。雷锋很想去看看这位英雄烈士的母亲，但苦于一直都抽不出时间，所以一直没有去成。

张大娘也听到左邻右舍们讲，运输连有个战士叫雷锋，是个孤儿。他受尽了旧社会的折磨，是在革命队伍里长大成人的，大家都很钦佩他、赞扬他。尤其是孩子们，一提起雷锋叔叔，话就特别多，个个都夸他这好那好，要向他学习。张大娘也很想见见这位苦孩子、好战士。

> **人民代表** 指各级人民代表大会的代表。全国人大代表是全国人民代表大会代表，省、自治区、直辖市人大代表是省、自治区、直辖市人民代表大会代表，设区的市或自治州的人大代表是设区市或自治州的人民代表大会代表，县、自治县、不设区的市人大代表是县、自治县、不设区的市的人民代表大会代表，乡、民族乡、镇人大代表是乡、民族乡、镇人民代表大会代表。

1961年春天，当地居民兴高采烈地准备选举人民代表了，闲谈之中，有人问张大娘："你老打算选谁当代表呀？"

"我呀，要选就选个好样的，我想选雷锋。"

这时，部队的选举工作也在热烈地进行着，最后，全团上下一致决定选举雷锋为抚顺市人民代表。不久，团政治处收到了抚顺市选举委员会送来的一张《当选证书》。

当政治处主任把这张代表证书交到雷锋手中的时候，这个受尽旧社会折磨的孤儿、人民的战士，再也抑制不住内心的激动，他眼里含着热泪，对主任说："请领导放心，我绝不辜负党和人民的信任，永远做一个人民的勤务员，人民的小学生。"

6月的一天傍晚，大雨过后，彩霞满天。张大娘手拿铁锹，正在房舍前边的菜园里往外排水。一个年轻战士向老人走来，远远地就招手说："大娘，您老好啊！"

张大娘一时愣住了，仔细打量着对方，只见年轻战士身材不高，浓眉下嵌着一双闪闪发亮的大眼睛，很英俊、洒脱。

"我是运输连的战士，叫雷锋。"

"哟，雷锋！"老人的眼睛忽地亮了起来，就像见到了自己的英雄儿子那样，赶忙上前拉住雷锋的手，上上下下地把他看了又看，可除了袖头上、膝盖上补了几块很整齐的补丁之外，并没有什么特殊啊！

"孩子，大娘早就想去看看你。"

"我最近外出比较多，心里也老想着来看您，就是抽不出时间，一直拖到今天。"

"好，好啊，大娘总算看到你了！"张大娘拉起雷锋就往屋里让，"走，快到家里喝点水去。"

"不啦，大娘！"雷锋顺手拿起张大娘那把铁锹，帮助她从菜园里往外排水。

张大娘关心地问："你们部队上也选举人民代表吗？"

"部队也选。"

"你们选了谁呀？"

"选……"雷锋谦虚地一笑，把到了嗓子眼的话又咽了回去。

张大娘说："不管你们选了谁，反正大娘是觉着应该选你。"

"选我？"雷锋虽然已经当选了人民代表，但他仍然被大娘的话震动了。这使他想到那份《当选证书》，它凝聚着多少母亲的嘱托、人民的期望啊！

7月27日晚上，雷锋出车回到班里，工作服还没脱下来，连部文书就跑来叫他马上到连部去。雷锋来到连部，高指导员把抚顺市人民委员会的通知书交给了他。

高指导员既高兴又关切地说："雷锋啊，参加人民代表大会是一件

大事，你这两天要抓紧时间，认真准备一下，明天就不要出车了。"

雷锋手捧通知书，想了想说："党和人民让我去参加这次代表大会，我想，这正是我向全市人民代表学习的好机会。"

"对嘛！"高指导员点头说，"希望你成功完成这次学习任务。"

"是。"雷锋的回答十分坚定。

因为连里运输任务很紧张，尽管领导一再让他留在家里，做些去开会的准备工作，可是第二天、第三天，他都坚持照常出车。直至第四天，7月30日上午，他才留在家里，把自己驾驶的13号车，认真检查、保养了一遍，又向助手仔细交代一番，这才脱下工作服，换了一身整洁的军装。

午后，雷锋带着正在读的《毛泽东选集》第四卷和一个日记本，告别了连队，准时来到了抚顺宾馆。雷锋住在宾馆二楼。他隔壁的两个房间住着六位代表，全是六七十岁的老大娘。

雷锋十分敬爱这些老人。在会议期间，他时常到这些老人的房间去，同老人唠（lào）家常，谈参加会议的感受，时刻不忘向老代表们学习。他想，我们伟大的社会主义祖国，给这些在旧社会受尽了苦难的老人带来了多么幸福的晚年啊！她们这么大年纪，还继续为革命工作，关心国家大事，我又该如何？

雷锋参加完人民代表大会，回到部队作了汇报。不久，他听小朋友们说张大娘病了，便立刻请了假去看望老人家。他刚走到菜园旁，就看到老人正在摘青菜，雷锋不安的心情顿时变得踏实了。他远远地喊了声："大娘！"

张大娘一听到这熟悉的声音，立即放下了手中的菜篮子，迎着雷锋亲热地说："孩子，你开会回来啦！"

"是啊，大娘，您老的病好了吗？"

"好多了，孩子！劳你挂念大娘了。"张大娘说着，眼圈湿润了。

雷锋扶着老人说："您老的儿子，为保卫中朝人民的幸福，光荣地牺牲了，您就跟我的亲娘一样！"

老人用衣袖抹抹眼睛，笑了起来说："可不是嘛，我见了你们穿军装的，就像见了我儿子那么亲，打心眼里乐。往后，衣服、袜子穿破了，就拿来，大娘虽然老了，给你们缝缝补补还行。"

"大娘！我们都会补。"雷锋说着又拿起锄头，帮助大娘拾掇起绿油油的菜园来。

感 悟

无论是生活中，还是在工作中，雷锋同志都非常尊敬老年人。尊敬老人是中华民族的传统美德，老人为我们的社会付出过，也为我们的中华民族付出过，他们有的是退休的军人、有的是参加过战争的英雄、有的是辛勤的劳动人民，所以他们是伟大的，他们值得我们去尊重，值得我们去帮助。

紧紧依靠群众

雷锋参加完抚顺市人民代表大会后，回到连里就当了四班的班长。在完成上级交代的任务时，雷锋从忽视群众到紧紧依靠群众，逐渐掌握了正确的工作方法。

一天下午，二排长通知四班派一辆车到浑河农场去拉菜。途中，汽车的电路出了点故障，修好以后赶到农场，天色已晚，农场的同志都吃过晚饭了。

雷锋一边装着菜一边想：这两个新战友跑了一路，午饭又吃得比较早，可能早就饿了。于是，雷锋就去找农场管理员联系了一下。农场的同志非常热情，听说他们没吃晚饭，立即就把饭准备好了。

雷锋跑来喊两个战友去吃饭，可是他俩忙着装菜，谁也不肯去吃，说："天快黑了，车灯又坏了，赶快装完菜回连队再吃吧！"

"忙了一下午，你们不饿吗？"雷锋关切地说，"这里已经准备好了饭，吃完再走，也免得回连队再麻烦炊事班的同志。"

一个同志说："麻烦自己总比麻烦别人强。"

另一个同志说："班长，要吃你去吃吧，我们在这儿装菜。"

这件事，没等雷锋汇报，二排长已经听到那两个同志反映。二排长是个很直爽的同志，就找到雷锋说："当好一个班长很不容易，今后办事要多和群众商量，注意工作方法，班里有人说你工作主观哩！"

雷锋一听就知道是那两个新战友的反映，立即把拉菜、吃饭的事向排长作了汇报，并诚恳地说："今天我当了班长，对于战士的反映和意见，丝毫不能轻视，一定克服缺点，做好工作。"

过了些日子，新调来的虞连长也来找雷锋谈话，他说："雷锋啊，火车头的力量很大。如果脱离了车厢，就起不到什么作用。一个人做工作，如果脱离了群众，就会一事无成。"

冬训中，有一次团部通知运输连派一个班到铁岭山区去执行一次运输任务，并特别嘱咐说，那里路险，积雪很多，有些地方又没有公路，一定要派一个勇于克服困难、驾驶技术熟练的班去。经过党支部研究，决定把这个任务交给四班。

雷锋接受任务后，立即召集全班同志做了思想动员工作，并认真检查了车辆，一再要求大家要齐心合力，克服困难，坚决完成这次任务。

第二天早晨5时，雷锋和小韩驾驶13号车在前边开道，03号、14号、15号……像一列火车一辆接一辆一样地出发了。驶出郊外，路虽不平坦，但还是比较宽敞的。越往前走，路越难行。汽车在狭窄的、高低不平的山路上颠簸着。

车队进入深山以后，一道干涸的江汊（chà）子挡住了去路。这地方由于夏季洪水的冲刷，根本找不到能够行车的路，而且到处都是碗口大的乱石头和一人多高的苇草、树丛。别说汽车，看样子就是牛车也很难过去。

"有办法了，要依靠群众！"雷锋脸上浮起了笑容，朝一处房屋奔去。

依靠群众 党的群众路线的一部分。群众路线是毛泽东思想三个活的灵魂之一，是党的生命线和根本工作路线。以毛泽东为主要代表的中国共产党在长期的革命斗争中形成了一切为了群众，一切依靠群众和从群众中来，到群众中去的群众路线。

有位老乡迎出来说："同志，你们这是……"

雷锋说："我们想从江汉子过去，找不到路了。"

老乡说："这里过不去。江汉子上段是干河套，牛车倒是可以过去，汽车能不能过可不敢说。走，我给你探探路去。"

经过实地查看，雷锋觉得可以从干河套上过去。经过进一步研究，决定自己先开车试一试，确定有把握后，再让大家过。他发动了13号车，加大油门，沿着那位老乡在雪地上留下的脚印向前开去。

汽车在乱石滩上颠簸得很厉害，车身摇摇晃晃。雷锋紧紧把住方向盘，两眼注视着雪地上那一串脚印，不管车身多么颠簸摇摆，一直镇定沉着地往前开，终于闯过了干河套，通过了江汉子。

雷锋跳下车，紧紧握住老乡的手说："同志，谢谢，谢谢您呀！"

雷锋指挥着后边的车队，终于顺利地通过了江汉子。大家告别了老乡，13号车继续在前面开道，其余的车又一辆接一辆地继续前进了。没

走多长时间，一段积着厚厚冰雪的山坡阴路，出现在他们面前。雷锋全神贯注地把着方向盘，接连爬了几次都没有爬过去，车轮在冰坡上直打飞转，就是不动窝。

雷锋想，过江汉子是依靠老乡指路过来的，爬这个冰坡也要依靠大家来解决。于是，他把大家叫到身边说："同志们，三个臭皮匠，顶个诸葛亮。困难再大也难不住我们！只要大家出主意想办法，就没有克服不了的困难。"

大家听班长这么一说，就你一言我一语地议论开了。有的说把备用防滑链加上，有的建议把路上的冰刨（páo）掉，有的主张在冰坡上垫上草往上开。

雷锋见天色渐晚，再不能耽搁时间了，就说："我看大家想的办法都很好，咱们就这么干吧，怎么样？"

"行。"大家一致同意班长的意见。没过多久，大家把弄来的十多捆苇草垫到了加了防滑链的车轮下。

雷锋把刨出的冰碴（chá）往路外扬了扬，对小韩说："上车，试试看！"小韩答应了一声，跟着雷锋跳上了13号车。

雷锋加大油门，一个猛冲，冲过了冰坡。接着，03号、14号、15号……都冲过来了。

天渐渐黑了下来。当车队在茫茫山野中驶上又高又陡的盘山路后，前面突然出现了一个急转弯。

雷锋透过车窗一看，左面和正前方是很深的山谷，右面是高高耸立的山崖。盘山路又窄又滑，稍有不慎，就有撞崖、坠谷的危险。小韩开车虽然已有不少经验，但是，在这样的险路上开车，还是头一回呀！

"沉着，一定要沉着。"雷锋镇定地告诫着小韩，也告诫着自己。

他把棉手套脱掉，在旁边紧紧握住手闸，对小韩说："把车灯全打亮，开！你只管掌握好方向盘，一有险情我就拉闸。"

"好吧！"小韩立刻挂上低速挡起步，汽车在转弯处慢慢移动着。他稳打方向盘，车身紧挨山崖，左后轮压着悬崖边滚动，终于安全地驶过了这段险路。

月光下，远远看去，雷锋率领的车队，攀山越岭，奔驰向前。当他们战胜重重困难，圆满地完成这次运输任务的时候，雷锋对"火车头"和"车厢"的关系有了更深刻的体会。

新调来的两名同志经过这次行车锻炼，深有感触地说："咱们还说雷锋班长办事主观，真是毫无根据啊！"

从此，全班同志更加齐心，更加团结了。

感 悟

从最初的不满，到最后的尊敬，两个新战友对待雷锋态度的变化，从侧面反映出群众路线的巨大作用。坚持群众路线，就能保证党与群众的血肉联系，保证党的各项工作的成功。正是因为坚持群众路线，雷锋带领团队走出了危险的深山，圆满完成了任务。

我们在平时的工作和学习中，如果遇到困难，也要灵活运用群众路线，发挥集体的力量，借鉴别人的经验，才能有更大的进步。

与乡亲们心连心

　　雷锋他们刚到的那一天，乡亲们都争着要战士们住到自己家里去。雷锋叫大家先把背包放在村头，然后领着几个同志挨家挨户地走访查看……

　　1962年春天，雷锋带领全班同志和兄弟班的几个战友，到铁岭下的石碑山区执行国防工程运输任务。他们在山区宿营的地方，是一个傍山临河的小山村，住有几十户人家。雷锋他们刚到的那一天，村里乡亲们听说部队要驻在这里，都争着要战士们住到自己家里去。

　　雷锋一见这里群众的穿戴和房屋的外貌，就看出了这村子并不富裕，住房也不会宽敞。于是，他叫大家先把背包放在村头，然后领着几个同志挨家挨户地走访查看，嘘寒问暖。

　　这时，小于高兴地跑来说："班长，走，住处已经安排好啦！"

　　"怎么安排的？"雷锋忙问。

　　"村头王大爷把一间最好的房子腾给了我们，非叫我们把背包搬进去不可！"

　　雷锋想：王大爷一家七八口人，一共才住了两间房，把那间好房子腾给我们，人家怎么住？他招招手把全班同志叫到身边，说了自己的想法："咱们宁肯住在外边，也不能给乡亲们带来不便和困难。"

　　小于说："群众那么热情，腾了房子咱们不住，这好吗？"

　　雷锋说："群众关心咱们，咱们应当感谢。可是咱们也应该体谅群众的困难呀！"

雷锋考虑了一下，立刻把大家带到村后山跟前，选了一处比较隐蔽的地方，经生产队同意后，叫大家先动手修车场。

"你们先把汽车的住处搞好，我去想办法解决大家的住处。"雷锋说罢，径直到后勤处器材股的驻地去了。

后勤处器材股的领导同志听

> **帐篷** 撑在地上遮蔽风雨、日光并供临时居住的棚子。多用帆布做成，连同支撑用的东西，可随时拆下转移。帐篷种类很多，其中军用帐篷又称棉帐篷，施工帐篷、民用帐篷等属于帐篷的一种，用于野外考察、露营、勘探、施工、救灾、防汛时野外居住等。

了雷锋关于住房问题的汇报，表扬了他们关心群众生活的做法，立即批给他们一顶军用帐篷。当天晚上，这顶帐篷就在新开的车场附近支了起来。大家说服了村头王大爷，退了房高高兴兴地把背包搬进了新的住处。他们的山区生活就这样开始了。

村里乡亲们经常指着这顶军用帐篷，自豪地对外村的人说："你看，我们村又多了一户人家，这些同志真是没说的。"

一天傍晚，雷锋和他的新助手小乔给施工部队运送给养回来，在路过一个小山村的河汊时，汽车陷入了淤泥中，加大油门冲了几次都没冲出来。雷锋找来石块垫车轮，指挥小乔开车冲，也没奏效。

小乔沉不住气了，说："班长，咋办？天黑了。"

雷锋盯着陷进去的轮胎，想想说："别急，我去找老乡借个撬（qiào）杠来试试。"

就近的山村叫黑林子。雷锋匆匆赶来，顺脚进了村头一家土墙院。院内有位大娘正伸展双臂"哦哦"地哄赶鸡鸭进窝。

　　"大娘您好。"雷锋上前问候道。

　　大娘回身看见这个身材不高、脸儿圆圆的、笑模笑样的解放军战士，觉得怪可亲的。

　　雷锋告诉大娘，汽车陷在河沟了，想借根木杠子去撬撬车轱辘。瞧他那样子是挺着急的，但老人一时又有点信不过他，就说："天都黑了，我又不认识你，借给你用完了若不还，我可找谁去？"

　　听这口气，大娘家准是有木杠，雷锋连忙解释说："您老尽管放心，我保证用完了马上送还，弄坏了照价给您赔。您若有就借给我用一下吧！"

　　雷锋诚恳的态度，使老人无法不相信他的话。随即领他绕到房山头平房东西两端的侧墙，这里果然堆放着好几根粗细不等的硬木杠子。雷锋拽出一根碗口粗一人多高的硬木杠子说："我就借这根了。"

　　"扛去吧，大娘信得过你。"

　　雷锋奔跑着扛回木杠子。"上车加油开！"他指挥小乔开车，自己在车下用木杠撬车轮，累得满头大汗。经过努力，深陷的车轮终于滚出了污泥。

　　雷锋擦把汗水，没等小乔停下车，扛起木杠子刚要走，不知怎么的，车突然又熄火了。

　　"怎么搞的？"雷锋丢下木杠，跑来用摇把发动几次没发动着，打开车盖检查，又没查出毛病。

　　天色越来越黑，他们钻到车下检修，什么都看不见，没法动手。雷锋从车底下爬出来，又扛起那根木杠子对小乔说："你再仔细检查一下。我得赶紧把木杠子送回去，对老乡失了信誉可不好。"

　　小乔说："那你快去快回，最好能再借盏灯来照照亮好修车。"

　　山村里的人睡得早，家家都静悄悄的。幸好大娘家纸糊的窗户里还透着亮。雷锋进院把木杠放回原处，转过来敲敲窗棂（líng）说："大娘没睡吧，我把木杠给您送回来了。我还想……"

　　没等雷锋的话说完，从屋里出来一个年轻小伙子。他见了雷锋竟然像见了熟人似的说："嘿，我当谁呢，原来是你雷锋呀！"

　　这突如其来的热情倒把雷锋弄糊涂了，"你是谁？怎么认识我？"

　　那青年拉住雷锋的手说："去年我在学校听过你的报告。快到屋里坐。真是巧遇！"说着两人进了屋。

　　这是一间十分简陋的农舍。炕桌上放一盏玻璃罩油灯，灯芯捻得很亮，灯油已经燃烧过半。桌旁有个梳小辫的女孩正在坐着写作业。老人家一面咳嗽一面拍着炕沿让雷锋坐下。

　　经过交谈，雷锋知道了这家姓田，青年叫小秋，是大娘的儿子。灯下写作业的女孩是小秋的妹妹小青，刚上初中。

　　"大娘，我还想借点东西。"雷锋盯着那盏灯，支支吾吾地说。

　　"借什么，说吧。"全家人几乎异口同声地说。

　　雷锋探头看一眼小青写的作业本，不好意思张口了，只说："等小妹写完作业再说吧！"

　　"嗯？"那小妹好纳闷，睁起充满疑问的大眼睛问："你借东西和我写作业有什么关系？"

　　"我想借这盏灯。"

　　没等雷锋讲完为什么要借灯，小妹麻溜地把作业本收了起来，小秋一把端过油灯塞到他手上，大娘又把一盒火柴递给他，说："拿去，快把车修好，可别误了事。"

　　"谢谢大娘，谢谢你们兄妹！"雷锋匆匆离开大娘家。

雷锋举着灯回来了。这微弱的灯光,仿佛给山野之夜增添了一颗星星,它在两个战士手中闪来闪去,终于帮助他们排除了汽车的故障。他们熄灭了油灯,发动了汽车,连夜赶回了驻地。

第二天,田大娘早起一出屋,就瞧见窗台上放着自家那盏油灯和火柴,端过油灯细看一眼,灯里装了满满的柴油,老人不由得自言自语:"这个小雷呀……"

从此以后,带着儿子对母亲般的感恩之情,雷锋真把大娘家当自己家了。他孝敬大娘,关心老人。用田大娘的话说:"我的亲儿子都没有他那么有孝心。他只要有机会就来家看望,又是嘘寒,又是问暖,每次见面都是那么亲热,家里的大事小情他都十分关心。"

那时候,经过三年经济困难时期,国家还没恢复元气,全国人民都在节衣缩食。一次,雷锋出车路过田家门口,特意给大娘送来3个白面羊肉馅的大包子。

雷锋把包子塞到大娘手中说:"今天我们改善生活,我拿几个来给您尝尝。"

田大娘问:"小雷呀,那你吃了没有?"

雷锋拍拍肚子说:"大娘您看我吃得饱饱的。"雷锋笑眯眯地看着大娘吃了一个包子,才离开继续出车去了。

还有一次,雷锋出车打这儿路过,给大娘送来一大包饼干,说是他中午出车吃剩的。田大娘怎么阻拦也没用,一定得收下。后来才知道,这饼干是雷锋用津贴费特意为大娘买来的。

5月的一天傍晚,阴云密布,天气骤变,天突然下起雨来。雷锋发现公路上有个妇女带着两个孩子:怀里抱着个小的,手里还拉着个大的,肩上还背着包袱,在"哗哗"的大雨中一步一滑地走着。

雷锋见此情景，心想：这不得把孩子淋病了吗？他赶忙盖好车，迎上前去，一打听才知道，那妇女姓纪，是从哈尔滨探亲回来的，要到樟子沟去。他们从车站一直走到这里。

那妇女急切地说："同志呀，我今天遭老罪啦！雨都把我浇迷糊了，我哭也哭不到家呀！"

"走，大嫂，我送你一程吧！"雷锋把雨衣披在大嫂身上，抱起那个大一点的孩子，冒着风雨朝樟子沟走去。他见怀里的孩子被雨淋得直打哆嗦，又脱下自己的军衣，披在孩子身上，一直走了将近两个小时，才把她们母子送到家。纪大嫂一进屋，便两眼含着热泪对雷锋说："同志呀，我一辈子也忘不了你的情意啊！"

"大嫂，军民一家嘛，何必说这个。"不等大嫂再多表达谢意就走出门外。

6月下旬的一天，雷锋突然到田家来辞行。"大娘啊，我要到外

军民一家 中国人民解放军是人民的子弟兵。他们来自人民，担负着保卫人民的重任。无论是在民主革命时期的硝烟战火中，还是在新中国成立后的社会主义建设中，中国人民解放军和人民始终保持着血肉般的密切关系。

地执行任务，暂时就不能来看您了。今天，我是特意来跟您和小秋兄妹告别的。"

全家人一听这话，都觉得很难受，他们舍不得雷锋走。田大娘拉着雷锋的手说："孩子，你出门啦，大娘想你可咋办？"

"想我不要紧，我给您一张照片。"

田大娘十分高兴，看着照片念叨着："这回好啦，啥时候想你，看看这照片就像看到你一样。"

感　悟

无论是在宿营地，还是在路途中，雷锋始终与人民群众心连着心。人民群众的力量是无限的，得到了人民的支持，就得到了无尽的能量。

正因为如此，雷锋无论走到哪里，遇到什么困难，都能够圆满解决。我们在平时的学习中也要像雷锋那样，多从群众中汲取力量，多学习别人的长处，才能取得更大的成绩。

谦虚使人进步

　　雷锋虽然年纪轻轻却荣誉满身。但是，党和人民给他的荣誉越多，他越谦虚谨慎，越觉得自己对党对人民的贡献太少了。因此，他经常向别人虚心求教……

　　雷锋入伍两年来，记过一次二等功，两次三等功，多次受团、营嘉奖，先后被评为"学习毛泽东著作积极分子""艰苦奋斗的节约标兵""少先队优秀辅导员""模范共青团员"。

　　他还当选为抚顺市人民代表，出席过沈阳部队首届共青团代表会议，并被选为主席团成员。他的照片、日记和模范事迹，通过报纸、电台作了广泛宣传。

　　雷锋真可谓是荣誉满身。但是，党和人民给他的荣誉越多，他越是严于律己，从不满足，从不骄傲。他总是觉得自己对党对人民的贡献太少了。

　　1962年2月间，雷锋以特邀代表的身份，出席了沈阳部队首届共青团员代表会议。出席会议

> **《雷锋日记》** 雷锋是在县委机关当公务员时，即1957年的秋天开始学着写日记的。1960年12月1日，《前进报》以《听党的话，把青春献给祖国》为题，摘发了雷锋从1959年8月30日至1960年11月15日间的15篇日记，并加了热情洋溢的编者按。这是最早见诸报端的《雷锋日记》，是作为宣传雷锋事迹的重要材料出现的。

的许多共青团员代表都了解雷锋的事迹，有的还把见过报的《雷锋日记》抄在自己的笔记本上，用以鞭策自己。因此，会议期间，主动找他交谈的同志特别多。这个让他签名，那个找他合影，都一再表示要向他学习。

每当遇到这种情况，雷锋总是谦虚地说："我是来向同志们学习的。我还做得不够哇！"

代表们亲眼看到，在整个会议过程中，雷锋总是聚精会神地听取每位代表的发言，认真看文件，做笔记，还经常找代表们谈心，互相帮助，虚心求教。

开会时，他是主席团成员，一回到招待所他又成了大家的服务员和炊事员。他每天都起得很早，抢着帮服务员擦地板、刷厕所、倒痰盂、扫走廊；开饭时，又不声不响地帮助炊事员端饭、送菜……

代表们和招待所的同志看到雷锋这样勤勤恳恳，谦虚谨慎，都很受启发。团代会结束的时候，雷锋一再征求代表们和服务员同志对他有什么意见。大家提不出意见，他就在日记中告诫自己：

> 雷锋呀，雷锋！我警告你牢记：千万不可以骄傲。你永远不能忘记，是党把你从虎口中拯救出来，是党给了你一切。至于你能做一点事情了，那是自己应尽的义务。你每一点微小的成绩和进步都应该归于党，要记在党的账上。
>
> 骄傲的人，其实是无知的人。他不知道自己能吃几碗干饭，他不懂得自己只是沧海之一粟，这有什么值得骄傲的呢？
>
> 我要不断地加强学习，提高自己的思想觉悟，经常开展批评与自我批评，随时清除思想上的毛病，在伟大的革命事业

中做一颗永不生锈的螺丝钉。

雷锋经常收到来自全国各地的信件。文书每次从政治处取回一沓沓寄给雷锋的信后，总是笑容满面地把这些信亲自送到雷锋手里。

有一次，雷锋刚从山区回到连队，文书又拿着一沓信，兴致勃勃地对他说："四班长，你看！这些信皮上，有的没写运输连，有的是报社转来的，有的只写雷锋两个字，但全都准确无误地给你邮来了。不简单啊，同志！"

"有什么不简单的，我不过是一个普通的战士。"雷锋细心翻看着这一封封充满着赞扬和鼓励的信，越看越感到不安。他在给这些同志的回信中，反复写下这样的一些话：

> 我的一切都是党给的，光荣应该归于党，归热情帮助我的同志们，至于我个人所做的工作，那是太少太少了，我这么一点点贡献，比起党对我的要求和期望还是很不够的。

> **党日** 是指党的组织和党员进行党的活动的专门时间。《政工条例》规定："每周用半天时间进行党的组织活动。"这就为落实党的组织生活制度从时间上提供了保证，为党支部组织生活正常化制度化提供了条件。

雷锋在山区执行任务期间，他的组织关系已暂时转到了后勤处党支部。按说，只要参加那里的组织生活就行了。但是有一次，雷锋驾驶的13号车到了保养期，后勤处领导给他三天时间，要他星期五、星期六这两天回连队去保养车辆，星期日洗澡休息。

雷锋回到连队，主动把这个安排调整了一下：星期六参加连队党日活动，星期日保养车辆。连里的党员同志劝他说："雷锋，看你忙的，难得回来洗个澡，连里的党日活动你就别参加了。"

雷锋坚决拒绝说："洗澡晚两天不要紧，在连里过个党日，这可是难得的啊！"

感 悟

雷锋宽以待人，却严于律己，他谦虚谨慎，不骄不躁，始终把自己融入集体之中，并积极进取。谦虚是一种美好的品质，也是一种求实的态度。

一个人如果谦虚就会永不自满，就能够学习新的知识和新事物，便会不断前进。另外，谦虚的人虚心好学，能够尊重团结他人，因此就能取得更大的进步。让我们平时多一分谦虚，多一分进步。

雷锋精神放光芒

习主席说："雷锋是一个时代的楷模，雷锋精神是永恒的。我们要见贤思齐，把雷锋精神代代传承下去。"

1962年8月15日，天空阴沉沉地下着小雨。这天上午，雷锋和助手乔安山驾驶着13号车，从山区工地赶回抚顺驻地拉施工器材，预计下午就返回工地。

车子在营区停稳后，雷锋跳下驾驶室，看到车身上溅了许多泥水。一向爱护车辆的他不顾行车的疲劳，立即决定把车开到营房后面的空地上进行清洗。

到营房后面去洗车，要经过一段比较狭窄的过道。为了安全起见，雷锋让助手小乔发动车辆，自己则站在过道边上指挥小乔倒车拐弯儿。

想不到汽车倒退到拐弯儿处时，左后轮突然滑进了道边的小水沟，车身猛一晃，碰倒了一根连队战士们晒衣服用的方木柱子。此时，正在全神贯注指挥倒车的雷锋，不幸被木柱砸伤头部，倒在地上昏迷过去。

小乔下车抱起雷锋，失声痛哭："班长，班长！"

雷锋抬抬手，张了张嘴，却一句话也没说出来。团里以最快的速度把雷锋送到医院去抢救，但终因伤势过重，没能抢救回来。这位人民的好儿子、中国共产党的优秀党员永远闭上了眼睛。

噩耗传到了雷锋担任辅导员的两所小学，小朋友们惊呆了，谁都不敢相信也不愿相信自己的耳朵，这怎么可能呢？当他们跑到运输连，确信再也见不到雷锋叔叔了，一个个都痛心无比地哭了。从此，他们失去了一位亲爱的辅导员，失去了一位衷心热爱他们的解放军叔叔！

雷锋去世的第三天，抚顺市望花区政府礼堂里举行了隆重的追悼大会。礼堂正厅悬挂着"公祭雷锋同志大会"的会标。雷锋的遗像，被原沈阳军区司令部、政治部，雷锋生前所在部队和抚顺市委、市人大以及各单位敬献的数以百计的花圈所簇拥。

雷锋的灵柩（jiù）安放在会场的正中，四周摆放了鲜花和花圈。雷锋所在团的领导和雷锋生前所在连的战友们站在两旁，为他守灵。前来参加追悼大会的人络绎不绝。礼堂里容纳不下，只好在礼堂外临时安装了扩音喇叭。

追悼会结束后，街头上还簇拥着成千上万的人民群众。其中有工人、农民、战士、学生，有白发苍苍的老人，还有许多没有上学的儿童。他们自动戴上黑纱或白花，怀着沉痛的心情悼念这位人民的好儿子。当雷锋同志的灵柩被送往抚顺市烈士陵园途中，在经过望花大街时，有近十万人民群众自发地前来为雷锋送葬……

为了纪念和学习这位好战士，团党委首先在运输连举办了雷锋事迹展览。在雷锋的遗物中，最引人注目的是一套被他读过无数遍的《毛泽东选集》四卷本，他在书上画满了点点圈圈。遗物中还有数百篇记录了他成长足迹的日记，成为他留给人们的一笔宝贵的精神财富。

1963年1月，国防部命名雷锋生前所在的班为"雷锋班"，共青团追任雷锋为全国少先队优秀辅导员，解放军总政治部、共青团中央、全国总工会、全国妇联相继发出关于学习雷锋的通知，《人民日报》《解放军报》《中国青年报》等相继发表社论、评论和介绍雷锋事迹的文章。

应《中国青年》杂志社的恳请，毛泽东主席1963年2月22日题词"向雷锋同志学习"。1963年3月2日《中国青年》第5、第6期合刊出

《中国青年》 是共青团中央机关刊，创刊于1923年，是中国共产党创办的历史悠久的、迄今仍具有广泛影响力的红色主流期刊。刊物以"服务青年成长，推动社会前行"为办刊宗旨，肩负宣传党的思想主张、推动共青团的重点工作、服务青年健康成长和营造良好舆论环境等重要职责，记录了不同历史时期中国青年的精神追求。

版，在全国首先发表了毛主席"向雷锋同志学习"的题词。

三天后，也就是1963年3月5日，《人民日报》《解放军报》《光明日报》《中国青年报》等都在头版显著位置刊登了毛主席的手迹。从这一天起，一个学习雷锋的活动在全国范围内以排山倒海之势蓬勃兴起。之后每年的3月5日也就成了学习雷锋的纪念日。

1963年3月6日，即首都各大报发表毛主席"向雷锋同志学习"题词的第二天，《解放军报》独家发表了在京的国家领导人刘少奇、周恩来、朱德和邓小平的题词手迹。

《解放军报》 创刊于1956年1月1日，是解放军报社出版的中央军委机关报，在加强国防和军队建设、支援地方经济建设中发挥了强有力的舆论引导作用。读者对象是解放军和武警部队、预备役部队的民兵、军工战线、党政机关、大中院校、图书资料室，以及所有关心国防建设的人。

刘少奇的题词是："学习雷锋同志平凡而伟大的共产主义精神。"

周恩来总理给雷锋的题词是："向雷锋同志学习爱憎分明的阶级立场、言行一致的革命精神、公而忘私的共产主义风格、奋不顾身的无产阶级斗志。"

朱德的题词是："学习雷

锋，做毛主席的好战士。"

邓小平的题词是："谁愿当一个真正的共产主义者，就应该向雷锋同志的品德和风格学习。"

雷锋，这个熟悉的名字，在人们的心中闪烁着不灭的光辉。雷锋班始终走在学雷锋的前列，是一个人人称模范、年年当先进的光荣集体。雷锋生前担任过辅导员的抚顺建设街小学被命名为"雷锋小学"。雷锋辅导过的孩子不少已成为社会的栋梁之材。

1963年11月，中共抚顺市委决定在雷锋生前所在部队驻地望花区，修建雷锋纪念馆，并将雷锋遗体迁葬到此地。雷锋的家乡长沙市望城县和雷锋生前生活过的鞍山等地也都建起了雷锋纪念馆，来这里参观学习的人络绎不绝。雷锋纪念馆已成为对青少年进行社会主义教育和革命传统教育的基地。

感 悟

　　雷锋用自己朴实的行动，永远激励着千千万万人民向他学习！雷锋精神是永恒的，是社会主义核心价值观的生动体现。我们要从点滴做起，从身边的小事做起，去践行雷锋理想伟大、信念坚定、忠诚于党、热爱人民、刻苦钻研、敬业奉献、毫不利己、专门利人、勤俭节约、艰苦奋斗、诚实守信、求真务实的可贵精神。

读书笔记

一、故事背景

1949年10月1日，北京30万群众齐集天安门广场，隆重举行开国大典。毛泽东在天安门城楼上向全世界庄严宣告：中华人民共和国中央人民政府今天成立了。

中华人民共和国成立后，中国共产党成为全国范围的执政党。面对极端落后的工农业生产和西方资本主义国家的封锁围堵，中国共产党人带领全国各族人民自力更生、艰苦奋斗。

新中国成立初期百废待兴，特别是工业部门残缺不全，工业生产能力低下，冶炼行业尤其如此。为了解决鞍钢人员严重不足的问题，在"全国支援鞍钢"的口号下，党中央和东北局先后从全国各地召集了4万余人参加鞍钢的建设生产，雷锋就是其中一员。

二、主要情节

1. 祖父雷新庭，父亲雷明亮，母亲张元满，哥哥雷正德相继悲惨死去，弟弟饿死在家中，年仅7岁的雷锋从此沦为孤儿，在六叔公和六叔奶奶的拉扯下，艰难地活下来。

2. 湖南解放时，雷锋找到路过的解放军连长，要求当兵，连长没同意，但把一支钢笔送给了他。此后雷锋当了儿童团团长，积极参加土地改革运动。乡政府供他免费读书，在学校加入了中国少年先锋队。

3. 小学毕业后，雷锋在生产队当秋征助理员，负责征收公粮工作。之后在安庆乡政府当了通信员，不久调到望城县委当公务员。

4. 1957年2月，光荣加入中国新民主主义青年团，同时被评为县委机关工作模范。同年夏，担任望城县治沩工程指挥部通讯员，治沩工程结束，被评为治沩模范。

5. 雷锋到团山湖农场就职。为响应望城县团委提出的捐献一台拖拉机的号召，雷锋捐款20元，成为全县青少年中捐款最多的一个，县委决定派雷锋学开拖拉机。

6. 雷锋响应号召，到鞍山钢铁厂参加社会主义建设，被分配在鞍钢化工总厂洗煤车间当推土机手，不久，出席鞍山市青年社会主义建设积极分子代表大会。

7. 报名到鞍钢弓长岭矿山参加新建焦化厂工作。弓长岭《矿报》发表雷锋《我决心应召》的申请书，表达积极要求参军的坚定决心。

8. 新兵换装集中待发，雷锋因无政审表，难以批准入伍。接兵参谋通过长途电话向工兵团团长请示。经同意，在登车出发前8小时，雷锋参军入伍。

9. 雷锋入伍第一天，来到营口新兵连。当天下午，作为新兵代表在全国欢迎新战友大会上发言。新兵连训练结束，雷锋被分配到运输连当驾驶员，下连不久，又被抽调参加团里战士业余演出队。

10. 雷锋成为新兵中一名合格的汽车驾驶员，第一个下到战斗班。参加上寺水库抢险救灾，带病连续奋战七天七夜，表现突出，团党委为雷锋记二等功一次。把平时节约下来的100元钱分别支援抚顺市望花区人民公社和辽阳水灾区，受到部队表彰，团党委决定树立雷锋为"节约标兵"。

三、故事高潮

运输连支部党员大会通过雷锋入党申请，并被选为抚顺市人民代表。原沈阳军区工程兵党委作出授予雷锋"模范共青团员"称号决定。雷锋荣立二等功，作为立功代表在全团授奖大会上发言，此后，雷锋又荣立过三等功一次，受团、营嘉奖多次。

雷锋在《前进报》发表《62年春节写给青年同志们的一封信》《在毛主席的哺育下成长》《我是怎样从一个苦孩子成长为毛主席的好战士的》《做毛主席的好战士》等署名文章。

雷锋以特邀代表身份，出席原沈阳军区首届共产主义青年团代表会议，并被选为主席团成员在大会上发言。

四、故事结局

雷锋与战友乔安山在准备前去洗车时，雷锋下车指挥倒车，车轮打滑，碰倒了一根木柱子，这根木柱子打到了雷锋头上，雷锋当即昏迷过去，经中国人民解放军第202医院抢救无效，不幸英年早逝，年仅22岁。

五、我的看法

雷锋是一个时代的楷模，雷锋精神是永恒的。雷锋精神体现了一种"向上"的人生姿态。纵观雷锋短暂的一生，他始终具有一种积极主动的生活态度，对新中国、新生活充满无限热爱和美好向往，始终以饱满的热情和充足的干劲投入到工作、学习中去。学习雷锋精神，就要把崇高的理想信念和道德品质追求融入日常的工作生活中，在自己岗位上做一颗永不生锈的螺丝钉。

读后感

  雷锋，一个响亮的名字，几十年来在亿万中国人民心中留下光辉的色彩，久久传承，经久不衰。雷锋仅活了22年就不幸去世了，虽然他的一生十分短暂，但他的精神永放光芒；虽然他的一生十分平凡，但他的形象十分伟大。

  雷锋是从普通士兵中走出来的伟大战士，他成为了亿万人民美好情感凝结的圣洁灵魂。他的魅力不仅在于他是崇高的共产主义精神的体现者，也在于他用自己的行为对中华民族传统美德作出了最好的诠释。

  历经岁月洗磨，雷锋的形象永远矗立。"学习雷锋好榜样，忠于革命忠于党……"这一首歌人们唱了一代又一代。他已经离去了半个多世纪，今天，人们仍在引用他的话语，他的名字依然闪耀。

  在大力弘扬社会主义核心价值观的今天，我们更需要发扬雷锋精神，需要挖掘其最可贵的价值，去支撑我们找准人生价值坐标，找到价值追求与价值实现的途径。

  雷锋，是永远的丰碑。学习雷锋好榜样，是整个中华民族精神文明建设的需要。"今天仍然需要雷锋！"这是亿万人民群众由内心发出的呼唤。我们过去学雷锋，现在学雷锋，将来仍要学雷锋。

  习近平总书记提出，"雷锋精神是永恒的""要做雷锋精神的种子，把雷锋精神广播在祖国大地上。"简短而朴实的话语，却包含着十分厚重而深刻的寓意。

  一个人离不开精神支撑，一个国家、一个民族更离不开精神支撑。雷锋精神包含太多太广先进可贵的精神和品质，这种精神是我们身上所缺乏但又是必须需要的精神。有了这种精神，我们才是一个纯粹的人、一个脱离低级趣味的人、一个有益于人民的人；我们的民族才能称之为有理想、有追求、有希望、有开拓创新精神的民族。

"做雷锋的种子"，就是要让先进精神根植到我们的心中，在心中开花结果，这对我们每个人来说既唾手可得又十分遥远。唾手可得是因为我们可以从自己的本职工作做起，从点滴做起，从身边的小事做起，去践行雷锋理想伟大、信念坚定、忠诚于党、热爱人民、刻苦钻研、敬业奉献、毫不利己、专门利人、勤俭节约、艰苦奋斗、诚实守信、求真务实的可贵精神。

难的是因为一个人要做一件好事容易，要一辈子做好事却很难；奉献一时容易，奉献一世却很难。但只要我们每个人心中都种下了这颗雷锋精神的种子，相信它一定会在潜移默化中指引我们前行，走向光明的未来。

雷锋精神可以表现在各具特点的实际行动上，可以渗透在各个方面，贯穿于学习、工作、生活的全过程，具有群众性、广泛性，人人都可以学，都可以从中受益，也会使得我们的社会、国家和民族获得更大的利益。

雷锋精神不仅反映了整个社会主义时代新人的精神面貌，也深刻地揭示出新时代青少年成长进步的正确方向。雷锋精神作为一种精神的阳光和雨露，将永远哺育我们年轻一代茁壮成长，将永远滋润伟大的中华民族！伟大的雷锋精神永放光芒！